COURS ÉLÉMENTAIRE
PRATIQUE
D'ANGLAIS COMMERCIAL

PAR

Léon MARISSIAUX

Professeur de Langue anglaise à l'École Supérieure pratique
de Commerce et d'Industrie de Paris

PARIS

ALBIN MICHEL, Éditeur

22, Rue Huyghens, 22

COURS ÉLÉMENTAIRE
PRATIQUE
D'ANGLAIS COMMERCIAL

OUVRAGES DU MÊME AUTEUR :

Scientific Reading Book
Lectures scientifiques (Hachette)

The Workshop and all about it
Technologie anglaise (Vuibert)

La Technologie allemande à l'Ecole pratique
(Delagrave)

Cours commercial d'Esperanto
(Hachette)

COURS ÉLÉMENTAIRE
PRATIQUE
D'ANGLAIS COMMERCIAL

PAR

LÉON MARISSIAUX

PROFESSEUR DE LANGUE ANGLAISE
A L'ÉCOLE SUPÉRIEURE PRATIQUE DE COMMERCE
ET D'INDUSTRIE DE PARIS

PARIS
ALBIN MICHEL, ÉDITEUR
22, RUE HUYGHENS, 22

1919

PRÉFACE

Celui qui ouvre ce livre voit qu'on y côtoie constamment le domaine commercial, mais il y trouve aussi un grand nombre de phrases et d'expressions qui se rencontrent dans les circonstances ordinaires de la vie. Dans ce « Cours pratique », l'élève entre de plain-pied dans le corps de la langue. Il voit immédiatement le verbe avec ses pronoms, sujets et compléments, des noms, des adjectifs et des adverbes; en un mot, tout ce qu'il faut pour écrire et parler. Il y trouve des règles, mais seulement celles qui sont indispensables à la compréhension rapide des versions et des questionnaires et à la confection immédiate et intelligente des thèmes.

Dans les listes de mots, j'ai fait figurer ensemble, autant que possible, ceux qui ont un certain rapport entre eux, mais ce groupement est forcément restreint, car il fallait arriver immédiatement à ce desideratum : faire causer les élèves en leur en fournissant les moyens.

L'ensemble des quarante vocabulaires fera con-

naître aux élèves plus de quinze cents mots, et les quarante thèmes les forceront à construire six cent quarante phrases, toutes d'un emploi fréquent, et dont un grand nombre renferment des tournures idiomatiques.

On remarquera qu'au vocabulaire principal, j'ai joint des séries supplémentaires de mots concernant la maison, la famille, la ville, le corps humain, le vêtement, la nourriture, etc. J'ai voulu que l'élève, tout en étudiant les termes de commerce, puisse également être prêt à aborder l'examen d'entrée à l'Ecole normale primaire, et qu'il y trouve aussi son compte en ce qui concerne la préparation au certificat d'études primaires supérieures.

J'ai ajouté au bas des questionnaires quelques expressions d'un usage courant, que les élèves apprendront par cœur consciencieusement. Ils pourront alors les utiliser dans les exercices de conversation.

Les morceaux de lecture ou versions, en texte suivi dès la deuxième leçon, sont très faciles pour des élèves attentifs, et même les moins bien doués (n'oublions pas que ce livre n'est pas fait seulement pour les enfants de la ville!...) pourront les comprendre aisément, s'ils apportent à leur travail un peu de bonne volonté. Tous les mots nouveaux sont donnés dans des notes qui ne sont jamais répé-

tées, de sorte qu'il faudra que les élèves emmagasinent ces mots dans leur mémoire pour s'en servir au besoin.

Les quarante versions renferment un assez bon nombre de mots dont les élèves pourront trouver le sens sans qu'il soit nécessaire de le leur donner. J'ai, à dessein, fait entrer dans ces versions, autant que faire se pouvait, les mots des vocabulaires en les répétant, avec intention, assez fréquemment dans des phrases différentes.

J'ai cru utile d'introduire dans ces morceaux de lecture divers éléments : le récit, la description, la conversation, et quelques simples lettres d'affaires qui initieront déjà les élèves à la correspondance commerciale. Les dix ou douze premiers morceaux sont très simples, enfantins même. Cela est voulu, et c'était indispensable, étant donné le petit nombre de vocables dont disposent les étudiants. On peut voir, d'un simple coup-d'œil jeté dans le livre, que la quantité (cependant assimilable) de matériaux est considérable, sans être néanmoins au delà des forces d'élèves de première année.

J'estime qu'un élève qui saura *(je ne dis pas* qui aura étudié, *car on peut étudier quelque chose et ne pas le savoir) ce petit livre en entier sera admirablement préparé pour les classes suivantes, quel que soit alors l'ouvrage qu'on lui mette entre les mains. Quand il arrivera au bout du livre, il con-*

naîtra environ deux mille mots anglais et il aura construit par écrit un gros millier de phrases et en aura sans doute prononcé beaucoup plus dans les exercices de conversation que lui fera son professeur.

Il faut reconnaître que c'est bien suffisant pour une année scolaire, c'est-à-dire pour environ neuf mois de travail.

Avant de clore cette préface, je veux dire un mot à l'adresse de ceux de mes collègues qui sont partisans de la méthode directe absolue. Je ne vois pas en quoi la disposition de mon petit ouvrage pourrait les gêner. On peut toujours apprendre des vocabulaires, écrire des thèmes et les lire à haute voix en anglais sans s'inquiéter du français qui est à côté. Je ne suppose pas que la seule lecture de ces mêmes mots par les yeux puisse nuire à la prononciation des mots anglais ou retarder l'acquisition de la langue. L'étude d'un idiome étranger est, après tout, plutôt un travail des organes de la parole et l'ouïe que de ceux de la vue. Quant aux versions et aux questionnaires, ils s'adaptent parfaitement au procédé ci-dessus mentionné.

Ce « Cours » dont je me suis servi sous une forme différente, pendant de nombreuses années avec mes élèves, m'a toujours donné d'excellents résultats. Il comble une lacune dans la bibliothèque des Ecoles de Commerce, professionnelles et pri-

maires supérieures auxquelles je le destine tout particulièrement et auxquelles il se recommande par son caractère à la fois vraiment élémentaire et absolument pratique.

Je remercie ici et à l'avance ceux de mes collègues qui voudront bien lui faire un accueil encourageant.

L. MARISSIAUX.

ERRATA

Page 34, *ligne* 17, au lieu de neld lire **near**.

— 43, — 5, — brought — **bought**.

— 77, — 9, — information — **formation**

Page 186, 2e *col.*, *ligne* 3, au lieu de commissionnaire lire **correspondant.**

Page 186, 2e *colonne*, *ligne* 4, au lieu de correspondant lire **commerçant.**

CONSEILS AUX ÉLÈVES

1° Lisez avec attention la préface de ce livre. Elle renferme des remarques qui vous intéresseront.

2° Apprenez, dès le début, les vocabulaires très régulièrement, afin de ne pas être obligés de passer au suivant avant de savoir le précédent.

3° Parcourez du regard, avant de commencer un devoir, la leçon correspondante et les deux ou trois précédentes, pour vous rendre compte des matériaux à employer.

4° Quand, dans le cours d'un thème ou dans toute autre partie du livre, vous rencontrez un numéro, reportez-vous, sans jamais y manquer, à la règle qu'il indique et que vous lirez d'un bout à l'autre. Vous éviterez par là quantité d'erreurs et vous ferez de rapides progrès.

5° Ecoutez avec grande attention la prononciation des mots anglais de la bouche de votre professeur; car on ne peut reproduire un son qu'on a mal entendu.

6° Apprenez aussi avec soin les phrases et expressions idiomatiques qui jouent un si grand rôle dans une langue.

7° Prenez la part la plus active aux exercices oraux que vous fera votre professeur, car c'est par eux que vous arriverez et à comprendre et ensuite à parler l'anglais, ce qui est le but vers lequel vous tendez.

8° Les textes anglais de ce livre contiennent un certain nombre de mots qui ne figurent ni dans les vocabulaires, ni dans les notes. J'ai pensé qu'avec un léger effort, l'élève pourrait en trouver le sens, à cause de leur ressemblance avec les mots français avec lesquels ils ont d'ailleurs un étroit lien de parenté.

9° Par de fréquentes récapitulations, revoyez les vocabulaires étudiés, les devoirs corrigés, et relisez souvent les morceaux de lecture, afin d'entretenir dans votre mémoire la plus grande quantité possible de matériaux dont vous aurez besoin à chaque instant dans les exercices de conversation. Il ne peut y avoir de *savoir réel* que là où il y a *accumulation.*

PRONONCIATION

Règles sur les voyelles

A. — **a, e, i, y, o, u** sont longs et se prononcent *è, i, aï, aï, ô, iou.* (L'*u* long se prononce *ou*, s'il vient après l ou r.)

1. — Lorsqu'ils sont suivis d'une seule consonne suivie elle-même d'une voyelle muette.

Ex. : **pla**ne (rabot); **fi**le (lime), etc.

2. — Lorsqu'ils sont suivis d'un *e* muet.

Ex. : **ry**e (seigle); **hu**e (couleur), etc.

3. — Lorsqu'ils sont seuls ou à la fin d'un mot d'une syllabe.

Ex. : **a** (un); **my** (mon); **me** (moi), etc.

B. — **i** se prononce *aï* lorsqu'il est suivi de **gh, ght, ld, nd, gn.**

C. — **o** se prononce *ô* très long, lorsqu'il est suivi de **ft, ld, lt, st.**

D. — **a, e, i, o, u** sont brefs et se prononcent *a, é, i, o, eu,* lorsqu'ils sont suivis d'une ou plusieurs consonnes.

Ex. : **stick** (bâton); **flat** (plat); **box** (boîte); **nut** (noix).

N. B. — Le son *u* bref est entre *a* et *eu*, participant de l'un et de l'autre, mais n'étant ni l'un ni l'autre.

E. — Les voyelles doubles **ee, oo,** se prononcent respectivement *î* très long, et *ou.*

F. — Les voyelles composées **oa** se prononcent toujours *ô* très long.

G. — Les voyelles composées **oi, oy,** se prononcent toujours *oï* très long.

H. — **L'y,** à la fin des adjectifs et des adverbes de plusieurs syllabes, se prononce comme *é* fermé.

I. — **W** est souvent voyelle et se prononce *ou.*

J. — **ing** se prononce *igne* comme dans signe.

K. — Les sons français *an, en, in, on, un,* etc., n'existent pas en anglais; on doit prononcer séparément l'*a*, l'*e*, l'*i*, l'*o* et l'*u*. *An* par, exemple, se prononce *a-nn..*, et *in, inn...*

L. — Les voyelles qui n'ont pas l'*accent tonique* se prononcent généralement d'une manière vague; elles ont un son qui ressemble à *eu* bref (D) prononcé rapidement (V. la remarque page 12).

Règles sur les consonnes

M. — **qu** se prononce *cou.*

N. — **w** avant *r* et *k* avant *n,* dans la même syllabe sont nuls.

O. — **r** à la fin d'un mot ou précédé d'une ou plusieurs voyelles, se prononce très faiblement. Même observation en ce qui concerne la prononciation figurée.

P. — **r** au commencement des mots ou après une consonne est fortement roulé comme si plusieurs r se suivaient.

Q. — **sh** se prononce toujours comme *ch* français.

R. — Le **th** dur se prononce *ss* en poussant le bout de la langue entre les dents.

S. — Le **th** doux se prononce *z* en poussant le bout de la langue entre les dents.

T. Les consonnes finales et l'*s* du pluriel se prononcent.

U. — L'**h** est presque toujours fortement aspiré, même après *w*.

L'accent tonique

On appelle ainsi un effort de la voix qui fait ressortir la syllabe importante d'un mot, ou aussi le mot principal de la proposition, s'il n'a qu'une syllabe.

Cet accent est indiqué dans ce livre par l'emploi de caractères gras.

Ex. : po**ta**to (pomme de terre), **ox**en (bœufs).

Remarque. — L'accent tonique ne se trouve jamais sur les terminaisons, telles que

age, al, an, ant, ar, at.
el, en, ent, er, ess, et, ey.
ick, icle, il, in, ly, y, it.
on, ion, or, our, ow, une, ure, etc., etc.

AVIS TRES IMPORTANT

CONCERNANT L'EMPLOI DES SIGNES CONVENTIONNELS INDIQUANT DANS LES VOCABULAIRES LA PRONONCIATION DES MOTS ANGLAIS.

L'étudiant est informé ici, une fois pour toutes, que les lettres majuscules qui accompagnent les mots des vocabulaires renvoient au chapitre de la prononciation (page 9). Ce chapitre donne la clef de la presque totalité des mots de la langue anglaise.

Les exceptions seront indiquées au moyen de lettres françaises qui donneront, aussi exactement que possible, la prononciation anglaise pour laquelle il n'y a pas toujours de sons correspondants dans notre langue.

Prenons, par exemple, le mot **high** (12e leçon) suivi des lettres U A; la prononciation est donnée aux paragraphes U A du chapitre de la prononciation (page 8), c'est-à-dire que l'*h* est fortement aspiré, et l'*i* prononcé *aï*.

Les lettres nulles indiquent que seul le reste du mot est à prononcer. Par exemple, leçon 12, le mot **low** est suivi de (w nul). Il reste donc à prononcer **lo** qui est, à peu près exactement, la prononciation anglaise de ce mot.

Si le mot n'est suivi d'aucun signe, il se prononce comme en français.

N. B. — Ce procédé a pour but de présenter aux étudiants les mots anglais sans leur faire subir de déformations inutiles, voire même dangereuses, car on a vu des élèves écrire dans un devoir, au lieu du mot anglais, sa prononciation figurée à laquelle ils donnaient naturellement la plus grande partie de leur attention. De telles erreurs sont impossibles avec notre système dans lequel la donnée de la prononciation figurée n'a aucun rapport avec le mot anglais dans son orthographe réelle.

Liste alphabétique des verbes français irréguliers en anglais

qui sont employés dans ce livre où ils sont marqués d'un astérisque

	Infinitif	Passé	Participe passé
acheter,	to buy,	bought,	bought (bôrt, O).
agir,	to do,	did,	done (dunn').
aller,	to go,	went,	gone (gonn').
apporter,	to bring,	brought,	brought (brôrt, O).
apprendre,	to learn,	learnt,	learnt (leurnt, O).
s'asseoir,	to sit,	sat,	sat (D).
attraper,	to catch,	caught,	caught (côrt, O).
avoir,	to have,	had,	had.
boire,	to drink,	drank (D),	drunk (D).
brûler,	to burn,	burnt,	burnt (D O).
coller,	to stick,	stuck,	stuck (D).
coudre,	to sew,	sewed (sôd),	sewn (sô'ne).
couper,	to cut,	cut,	cut (D).
courir,	to run,	ran,	run (D).
déchirer,	to tear (tére),	tore,	torn.
demeurer,	to dwell,	dwelt,	dwelt.
dépenser,	to spend,	spent,	spent (spé-nnt).
dire,	to say,	said,	said.
dire, raconter,	to tell,	told,	told (C).

	INFINITIF	PASSÉ	PARTICIPE PASSÉ
donner,	to give,	gave (A),	given (ghiv'n).
dormir,	to sleep,	slept,	slept.
écrire,	to write,	wrote (rôte),	written (rit'n).
enseigner,	to teach (i),	taught,	taught (tôrt, O).
entendre,	to hear (î),	heard,	heard (heurd).
entreprendre,	(comme prendre)		
envoyer,	to send,	sent,	sent (sé-nnt).
être,	to be,	was,	been.
faire, agir,	to do (ou),	did,	done (dun'n).
faire, fabriquer,	to make,	made,	made (A).
faire commerce,	**to deal (î),**	dealt,	dealt (délt).
fermer,	to shut,	shut,	shut (D).
garder,	to keep,	kept,	kept.
laisser, louer,	to let,	let,	let.
laisser, quitter,	to leave (î),	left,	left.
lire,	**to** read (rîd),	read (réd),	read (réd).
manger,	to eat (ît),	ate (A),	eaten (ît'n).
mettre (à plat),	to lay,	laid,	laid.
mettre, poser,	to put,	put,	put (poutt').
montrer,	to show,	showed **(chôde),**	shown (chône).
oublier,	to forget,	forgot,	forgotten.
parler,	to **speak (î),**	spoke (A),	spoken (spôk'n).
payer,	to pay,	paid,	paid.
penser,	to think,	thought,	thought (sôrt, O).
perdre,	to lose (ou),	lost,	lost.

	Infinitif	Passé	Participe passé
porter,	to wear (è),	wore,	worn.
prendre,	to take,	took (E),	taken (taik'n).
prêter,	to lend,	lent,	lent (lé-nnt).
procurer (se),	to get,	got,	got,
relier,	to bind,	bound,	bound (ou=aou).
renvoyer,	to send back,	sent,	sent (sé-nnt).
rester,	to stay,	staid,	staid.
savoir,	to know,	knew (niou),	known (nô-nn).
secouer,	to shake,	shook (chouk),	shaken (chaik'n).
sentir,	to smell,	smelt,	smelt.
tirer,	to draw,	drew (drou),	drawn (drôrn, O).
trouver,	to find (B),	found,	found (ou=aou).
vendre,	to sell,	sold,	sold (C).
venir,	to come,	came (A),	come (keumm).
voir,	to see,	saw (sôr, O),	seen (E).

N. B. — La prononciation des infinitifs est donnée à leur place dans les vocabulaires. Celle du passé et du participe passé n'est indiquée qu'une fois quand les deux temps sont pareils (V. les règles de prononciation, page 9).

Règles essentielles de la Grammaire Anglaise

L'article

1 L'article indéfini **a** (un, une) se place devant les noms commençant par une consonne ou un h aspiré, et **an** (un, une) devant ceux qui commencent par une voyelle ou un h muet.

2 Les déterminatifs sont invariables en anglais; il est inutile de les répéter devant chaque nom.

3 L'article défini et le déterminatif partitif placés en français devant un nom au pluriel employé dans un sens général ne se traduisent pas.

Ex. : Watchmakers sell watches, **les** *horlogers vendent* **des** *montres.*

Le partitif restreint

4 I. — Dans les phrases affirmatives, le déterminatif partitif (du, de la, de l', des) se traduit par **some.**

Ex. : *Je lui donnai de(s) bons livres,* I gave him **some** good books.

II. — Dans les phrases négatives, il se rend par **not...any.**

Ex. : *Je* **n'***ai* **pas d'***enfants,* I have **not any** children.

Si le verbe est à un temps composé, ce verbe se place devant **any,** et **not** vient après l'auxiliaire. On peut remplacer **not...any** par **no** placé après le verbe conjugué, dans ce cas, affirmativement.

Ex. : *Je* **n'***ai* **pas d'***enfants,* I have **no** children.

III. — Dans les phrases interrogatives ou dubitatives, le déterminatif partitif se traduit par **any.**

Ex. : *Avez-vous* **des** *livres?* Have you **any** books?

N. B. — **Some** et **any** sont aussi employés comme *pronoms.*

Ex. : *J'***en** *ai,* I have **some.** — **En** *avez-vous?* Have you got **any**? — *Je n'***en** *ai pas,* I have not **any** (*ou* I have **none**).

5 Son, sa, ses.

Ces déterminatifs possessifs se traduisent par **his,** lorsque le possesseur est *masculin;* par **her,** si le possesseur est *féminin,* et par **its,** si le possesseur est *neutre.* Le masculin s'emploie pour les êtres masculins, le féminin pour les êtres féminins, et le neutre pour les noms de choses et d'animaux (Voir règle 2)..

Le nom

6 Les noms forment leur pluriel par l'addition d'un s, comme en français.

Cependant les noms terminés par **o, y, ch, s, sh, ss, x, z, zz,** prennent, par euphonie, un e avant l's du pluriel.

N. B. — Dans les noms en **y,** cet **y** se change au pluriel en **ies,** s'il vient après une consonne.

7 Un nom employé dans un sens général n'est pas précédé de l'article.

> *Ex.* : You like beer, *vous aimez la bière.* — *J'aime les oiseaux*, I like birds.

8 Un nom joue souvent le rôle d'adjectif quand on veut préciser de quelle sorte de personne ou de chose on veut parler; ces noms employés adjectivement sont invariables.

> *Ex.* : a watch-maker (montre-faiseur), *un horloger*; a shop-keeper (boutique-gardeur) *un boutiquier*; a silkstuff (soie-étoffe), *une étoffe de soie.*

L'adjectif qualificatif

9 Les adjectifs qualificatifs se placent *devant* les noms qu'ils qualifient et sont toujours *invariables.*

Les adjectifs-attributs se placent comme en français et sont également *invariables.*

Le pronom

10 Le pronom personnel complément se place *après* le verbe.

Ex. : *je* **le** *vois,* I see **him.**

11 Le pronom **it** est neutre; il remplace les noms d'animaux et de choses. Cependant on emploie souvent les pronoms de personnes, tels que **he** (il), **she** (elle) sujets, et **him** (lui, le), **her** (elle, la) compléments en parlant des animaux, quand ils sont pour ainsi dire personnifiés dans un récit.

Le verbe

12 Dans les phrases interrogatives-négatives, la négation se met *après* le sujet du verbe, si ce sujet est un pronom et *avant le sujet,* si le sujet est un nom.

Ex. : *N'êtes-vous pas riche?* Are you **not** rich? *Votre père n'est-il pas ici?* Is **not** your father here?

13 En anglais, on ne tutoie personne, on devra donc traduire tu, te, toi par **you** (vous), ton, ta, tes par **your** (votre, vos).

14 La troisième personne du singulier de l'indicatif présent de tout verbe anglais doit se terminer par un **s.**

Ex. : he like**s**, *il aime.* (Voir aussi la règle 18).

N. B. — Les verbes auxiliaires font souvent exception à cette règle.

15 L'indicatif présent et l'impératif (2e pers.) d'un verbe anglais sont *toujours pareils à l'infinitif* (V. la règle 14).

16 Le passé (imparfait, passé défini) et le participe passé sont *invariables* en anglais.

17 L'imparfait, le passé défini et le passé indéfini français se traduisent souvent en anglais par un seul et même temps.

Ainsi, **I met** peut signifier je rencontrais, je rencontrai et j'ai rencontré. Cependant, dans certains cas, on traduit la dernière forme par **le parfait** (passé indéfini) anglais.

18 Les verbes terminés par **y** *précédé d'une consonne,* ceux qui sont terminés par **o, ch, sh, s, x** et **z** prennent à la troisième personne du singulier de l'indicatif présent **es** au lieu de **s.**

19 Pour former l'interrogation en anglais, on met

toujours, quel qu'il soit, le sujet après le verbe auxiliaire (V. règle 22, N. B.).

Ex. : *Le café est-il bon?* Is the coffee good?

Remarquer que le sujet apparent (il) n'est pas traduit.

20 Pour former le futur d'un verbe anglais, on met devant l'infinitif de ce verbe, pour la première personne du singulier et du pluriel le mot **shall.**

Ex. : *je dirai* : I **shall** say; *nous irons,* we **shall** go.

Pour la deuxième et la troisième personne du singulier et du pluriel, on se sert de **will** au lieu de **shall.**

Ex. : *il dira* : he **will** say; *vous irez* : you **will** go.

N. B. — Pour le futur interrogatif, on emploie **shall** à la deuxième personne.

Pour former le conditionnel, on emploie **should** au lieu de shall, et **would** au lieu de will.

21 **Il y a.** — Pour traduire cette expression, voir les leçons 15 et 16.

I. — Quand **il y a** est suivi d'un mot indiquant un *temps,* on le traduit par **ago** qui suit ce mot.

Ex. : *il y a huit jours,* a week **ago** ; *il y a longtemps,* long **ago.**

II. — Quand **il y a** n'appartient à aucune des catégories précédentes, on le traduit par un déterminatif approprié.

> *Ex.* : *il y a des dames qui portent une cravate,* **some** ladies wear a tie; *il y a beaucoup de gens qui fument,* **many** people smoke.

22 Un verbe anglais à l'infinitif non accompagné d'un auxiliaire, est ordinairement précédé de la préposition **to** qui se traduit par *à, de, pour.*

N. B. — Les principaux verbes auxiliaires sont : **will, would; shall, should; can, could; must; may, might; be** et **have.**

23 **May** (pouvoir) signifie *permettre, avoir la permission,* ou bien indique la *probabilité d'un événement.*

> *Ex.* : you **may** go, *vous pouvez partir, je vous donne la permission de partir.*

Can (pouvoir) veut dire *être capable, être à même.*

> *Ex.*: he **can** walk, *il peut, il est capable de marcher.*

24 L'imparfait, le passé défini et le participe passé de tous les verbes réguliers anglais se terminent par **ed.** L'**e** ne doit se prononcer que lorsqu'il est précédé de **d** ou de **t.** Si l'infinitif est terminé par un **y** précédé d'une consonne, l'**y** se change en **i** devant les terminaisons **ed** ou **es.**

25 La terminaison du *participe présent* **ant** en français devient **ing** en anglais.

Ex. : *aller,* to go; *allant,* going.

L'adverbe

26 **Much** (beaucoup de) s'emploie devant un singulier. **Many** (beaucoup de) s'emploie devant un pluriel.

27 Les adverbes indiquant un temps non déterminé, tels que **always** (toujours), **often** (souvent), **seldom** (rarement), **sometimes** (quelquefois), **never** (ne... jamais) etc., se placent avant le verbe ou après le verbe auxiliaire.

Ex. : he **never** comes, *il ne vient jamais,* I have **often** seen him, *je l'ai vu souvent.*

La préposition

28 La préposition **à** indiquant le mouvement d'un lieu vers un autre se traduit par **to;** s'il n'y a pas d'indication de mouvement, on la rend par **at.**

Ex. : going **to** London, *allant à Londres.*

mais on dira :

Ex. : he is **at** home, *il est à la maison.*

(V. également les leçons 20 et 21).

29 La préposition **de** indiquant le mouvement, le point de départ, la provenance, l'origine, se traduit par **from.**

Ex. : *Je viens* **de** *Paris,* I come **from** Paris.

30 Toutes les prépositions, excepté **to,** doivent être suivies du participe présent.

Ex. : *avant d'aller,* before going; *sans le lire,* without reading it.

---

31 MANIÈRE DE TRADUIRE **chez**

Premier Cas. — Chez moi, chez lui, etc.

Quand le pronom-sujet qui accompagne le verbe qui précède *chez* est à la même personne que celui qui suit, on traduit par **home** (idée de mouvement) ou par **at home** (idée de repos).

Ex. : I go **home,** *je vais chez moi* ; I am at **home,** *je suis chez moi.*

2e *Cas.* — Quand les deux pronoms ne sont pas à la même personne, traduire par *à sa maison, à leur maison,* etc.

Ex. : He is **at my house,** *il est chez moi;* He goes **to my house,** *il va chez moi.* (V. règle 28).

3e *Cas.* — Quand le mot qui suit *chez* est un nom, faites-le précéder de la préposition *à* (V. règle 28) et faites-le suivre d'une apostrophe et d'une *s.*

Ex. : I go to Mr. Jackson's, *je vais chez M. Jackson*; he is at your father's, *il est chez votre père.*

FIRST (i=u bref. D) **LESSON.** — **1re LEÇON.**

I. — **Gen***eral* (*g* = *dj*) *and* *com***mer***cial vo***cab***ulary*

the,	le, la, les.
a; (devant voy, ou h muet) an,	un, une.
goods (E T),	marchandise (s).
order (L),	commande.
stuff (D),	étoffe.
house (ou=aou),	maison.
to ac**cept** (to=tou),	accepter.
to re**turn** (D),	retourner, renvoyer.
white (B),	blanc.
black,	noir.
now (ow=aou),	maintenant, à présent.
to-day,	aujourd'hui.
yes; no,	oui; non, ne pas de.

II. — *Classified* (*ie* = *i, I*) *usual words*

A THE HOME	LE FOYER DOMESTIQUE
room (E),	chambre, salle.
kitchen (L),	cuisine.
dining-room (A J),	salle à manger.
drawing-room (drôwigne),	salon.
bedroom,	chambre à coucher.
study (D-H),	cabinet de travail.
sitting-room,	petit salon.
bathroom (R),	salle de bain.
to work (ou=u **bref D**),	travailler.
to rest,	se reposer.

B A **GAR**DEN (O)	UN JARDIN
a **bord**er (L),	un parterre de fleurs.
a bed of flowers (ow=aou)	une bordure.

a path (R),	un sentier.
an **av**enue (ue=iou)	une allée.
an **ar**bour (L),	une charmille.
a grass-plot (T),	une pelouse.
a **rail**ing (J),	une grille.
a gate (A),	une porte.

---

32 INDICATIF PRÉSENT DU VERBE RÉGULIER,

to order.

I order, *je commande.*	we order, *nous commandons.*
you order, *tu commandes* (13).	you order, *vous commandez.*
he order**s**, *il commande.*	they order, *ils commandent.*
she order**s**, *elle commande.*	they order, *elles commandent.*

Remenber rules 6 and 9.

I. — **A FEW DETACHED SENTENCES TO BEGIN WITH.**

I order the goods. — You order the stuffs. — He orders the black stuff. — We order the white goods. — She orders the muslin now. — I order the black goods to-day. — We accept the goods. — He returns the black stuffs. — You accept an order. — They accept the goods to-day. — The black houses. — The white and black stuffs. — The first house. — I first order the stuffs. — I accept the stuffs now. — We return the muslin to-day. — I order Charles to return the goods. — We order Clara to accept the black stuffs. — I return the order for white goods.

NOTES: a few, *quelques.* — sentence, *phrase.* — to begin with, *pour commencer.* — muslin, *mousseline.* — first, *d'abord.* — for, *pour, de.*

EX'ERCI'SE ONE (weun'n')

To be translated into English :

1. Je commande. — 2. Il accepte. — 3. Les commandes. — 4. Les maisons. — 5. Les étoffes. — 6. Je retourne la marchandise. — 7. Elle commande les étoffes. — 8. Vous acceptez les marchandises. — 9. Il accepte aujourd'hui. — 10. Je travaille maintenant. — 11. Je commande les marchandises. — 12. Il commande l'étoffe. — 13. J'accepte la commande. — 14. Nous commandons les étoffes aujourd'hui. — 15. Vous acceptez l'étoffe. — 16. Je renvoie l'étoffe aujourd'hui.

Useful expressions (Expressions utiles) :

first, *d'abord, premièrement.*
order! order! *à l'ordre! à l'ordre!*
in alphabetical order, *par ordre alphabétique.*
as usual (ioujou-eul), *comme d'habitude.*

SECOND LESSON (2nd). — 2e LEÇON.

I. — General and commercial (ci=ch L.) vocabulary

cloth (R),	drap.
invoice (K-G),	facture.
sample (sa-mp'l),	échantillon.
firm (i=u bref D),	maison de commerce.
price (A)-list (D) (8),	prix-courant.
warehouse (A),	magasin, dépôt.
to re**cei**ve (ricîv),	recevoir.
to start, to dep**art**,	partir.
cheap (adj.); dear (ea=î),	(à) bon marché; cher.
cheapER (L),	(à) meilleur marché.
in (*repos*), into (*mouvement*),	dans, en.
di**rect**ly (H), at once (oueunnce),	tout de suite.

Classified usual words

A THE DWELLING (w=ou)	L'HABITATION
door (dor),	porte.
window (R-ow=o),	fenêtre.
roof (E),	toit.
ceiling (ei=î),	plafond,
wall (a=or),	mur.
floor (flor),	parquet.
shutter (Q D),	volet.
marble (mâ-b'l)-**chim**ney ch=tch),	cheminée de marbre.
to shut (D),	fermer.
to **o**pen (L),	ouvrir.
to knock (at the door) (N),	frapper (à la porte).

B A SCHOOL (ch=K) — UNE ÉCOLE

a **board**ing-school (F)	un pensionnat.
a day-school,	un externat.
a **board**er (F-L),	un pensionnaire.
a day-boy (G),	un externe.
a school**mast**er (L),	un instituteur.
the headmaster (ea=é),	le directeur.
an **E**nglish master (A),	un professeur d'anglais.
a **gram**mar (L) school	un collège.

---

33 INDICATIF PRÉSENT DU VERBE **to have,** *avoir.*

I have got the sample.
you have got the white stuffs.
he has got a warehouse.
we have got the price-list.
you have got the invoice.
they have got the black cloth.

N.-B. — Pour transformer ce verbe en verbe auxiliaire, supprimez le mot **got** (T).

34 LE COMPARATIF DE SUPÉRIORITÉ (*monosyllabes*)

Il se forme en ajoutant **er** au positif.

Le superlatif en ajoutant **est.**

Que après le comparatif de supériorité se rend par **than** (S).

35 COMPARATIF ET SUPERLATIF

des adjectifs de plusieurs syllabes

Positif : this firm is **important.**
cette maison est importante.

Comparatif : this firm is **more important** than that.
cette maison est plus importante que celle-là.

Superlatif : this firm is **the most important** of all.
cette maison est la plus importante de toutes.

36 *Quelques comparatifs et superlatifs irréguliers :*

good, bon; **better,** meilleur; **the best,** le meilleur.
bad, mauvais; **worse** (o=u bref D), pire; **the worst,** le pire.
little, petit; **less,** plus petit; **the least** (î), le moindre.
neld (î), proche; **nearer,** plus proche; **the nearest** ou **the next,** le plus proche.

---

2. — ORDERS

To give an order is to order a firm to send you some goods. The tradesman has the goods or has not them in his warehouse. If the tradesman has the goods in his warehouse, he sends them to your house directly.

The tradesman sends you also an invoice of the goods you order.

If you order, I suppose, white or black stuffs, and if the stuffs are not conformable to the sample you have, you return them at once. If they are conformable to your sample, you receive and accept them.

You may order dear or cheap goods. Ordinary stuffs are cheaper than cloth. Cloth is naturally dearer than muslin. Muslin is white, but cloth is not generally white.

NOTES : To give, *donner*. — is, *est*. — are, *sont*. — tradesman, *commerçant*. — not, *ne pas*. — to send, *envoyer*. — of, *de*. — also, *aussi*. — them, *les*. — if, *si* (conj.). — his, *son, sa, ses*. — your, *votre, vos*. — may, *pouvez*. — or, *ou*.

EXERCISE TWO (tou)

To be translated into English :

1. J'ai l'échantillon. — Vous avez la facture. — 3. Je ferme la porte. — 4. Nous ouvrons les fenêtres. — 5. Nous avons un dépôt. — 6. Ils acceptent le drap. — 7 Avez-vous les échantillons? — 8. A-t-il le prix courant? — 9. Je pars tout de suite. — 10. Il part immédiatement. 11. Il frappe à la porte. — 12. J'ouvre le magasin et la maison. — 13. As-tu (13) la facture? — 14. Plus noir et plus blanc. — 15. Ils ont les commandes. — 16. L'étoffe meilleur marché que le drap.

Give proper answers to the following questions :

1. Have you got the sample?
2. Have they got an order?
3. Have you got the black goods?
4. Have the firm a warehouse?
5. Has he got the invoice now?
6. Have you got the cheap stuffs?
7. Have you got the price-list?
8. Have you got a bathroom?
9. Have you got the white goods?
10. Has he got the order?
11. Have you got the cheaper cloth?
12. Have they got the invoice?

Remarque. — En anglais, pour répondre affirmativement ou négativement, aux mots **yes** ou **no,** on ajoute le pronom approprié suivi de l'auxiliaire de la phrase précédente.

Ex. : have you the invoice?
yes, I have.
no, I have not.

Useful expressions :

by order, *par ordre.*
at first, *en premier lieu, d'abord.*
nowadays, *de nos jours.*
my dear..., *mon cher... ma chère.*
dirt-cheap, *à vil prix.*

THIRD (i=u bref D) LESSON (3rd).

I. — *General vocabulary (u=iou-H).*

day,	jour.
week (E),	semaine.
month (o=u bref D),	mois.
year (ieur),	an, année.
grocer (A),	épicier.
baker (A L),	boulanger.
I see*; seen* (E),	je vois; vu.
I give*; **giv**en* (g dur),	je donne; donné.
red,	rouge.
blue (A),	bleu.
yesterday **morn**ing (J),	hier matin.
shortly (Q H),	prochainement.
already (orl'rédé),	déjà.

II. — *Classified usual words (o=u bref-D)*

A. — **Oth**ER (o=u bref) PARTS OF THE HOUSE	AUTRES PARTIES DE LA MAISON
yard (T r faible),	cour.
garret (T P),	grenier.
cellar (L),	cave.
basement (baiz L),	sous-sol.
passage (age=edj), **corri**-dor,	corridor.
hall (a=or, U),	vestibule.
lobby (H),	antichambre.
staircase (ai, ca, A),	escalier.
landing (D J),	palier.
step, stair,	marche (d'escalier).
to wait (for) (I),	attendre.
to re**main** (T), to stay*,	rester.

B. — A SCHOOL (continued) (ue=iou)	UNE ÉCOLE (suite).
the as**sis**tant (L T) master,	le maître-adjoint.
the schoolhouse (8),	la maison d'école.
the classroom,	la salle de classe.
the **stud**yroom (D H),	la salle d'étude.
the playground (ou=aou),	la cour.
the **dor**mitory (H),	le dortoir.
the **di**ning-hall (di-A),	le réfectoire.
the sickroom (D),	l'infirmerie.

---

37 PASSÉ D'UN VERBE RÉGULIER (17).

I order**ed**	the rice.
you accept**ed**	the important orders.
he return**ed**	the blue stuffs.
we arriv**ed**	(I-A) to day.
you import**ed**	the goods.
they start**ed**	Yesterday.
	Remember rules 9, 16, 24.

N. B. — L'**e** de la terminaison du passé ne se prononce pas, s'il n'est pas précédé d'un *d* ou d'un *t*.

---

3. — MY GROCER AND MY BAKER

My grocer sends me his price-list every month and I order some goods. He sends them directly to my house. His goods are not dear; they are cheap; they are cheaper than last month.

Yesterday morning I ordered some grocery at my grocer's (31) and to-day I ordered some bread at my baker's. My grocer has a large warehouse, and my baker has got a large shop. The goods of my grocer are excellent. The bread of my baker is white and good.

Have you seen the shop of my baker? The shop of my baнer is in your street, but the warehouse of my grocer is not in your street.

NOTES. — Some, *un peu de, quelque(s)*. — bread, *pain*. — large, *grand*. — shop, *boutique*. — my, *mon, ma, mes*. — me, *me, à moi*. — every, *chaque, tous les*. — last, *dernier*. — good, *bon*. — street, *rue*.

EXERCISE (i-I) THREE

To be translated into English:

1. Le drap rouge et l'étoffe bleue (9). — 2. J'ai attendu le boulanger (17). — 3. Vous avez vu les autres parties de la maison. — 4. L'épicier a déjà donné le drap. — 5. Le boulanger a reçu la facture. — 6. Le deuxième mois et la troisième semaine. — 7. J'ai commandé le drap hier. — 8. Il commanda l'étoffe hier matin. — 9. Il donne l'étoffe à bon marché. — 10. Il reçut les échantillons. — 11. L'épicier a accepté la facture. — 12. Le premier jour de la deuxième année. — 13. Il renvoya les étoffes blanches et rouges (9). — 14. Tu (13) as commandé l'étoffe bleue. — 15. Nous avons retourné les marchandises. — 16. Ils commandèrent le drap bon marché.

Give proper answers to the following questions:

1. Have you not returned the goods?
2. Has the grocer given the invoice?
3. Has he returned the goods yesterday?
4. Have you ordered the white stuffs?
5. Has he started to-day?
6. Have you received the white and red stuffs?
7. Has the baker given the price-list?
8. You have got the red cloth, I suppose.
9. Have you ordered the blue cloth?
10. Has the grocer received the goods yesterday?
11. Have you seen the cheap goods?
12. Have they already started?

Useful expressions:

how? (haou) *comment?*
what? (houôt) *que, qu'est-ce que? quoi?*
everyday, *chaque jour, tous les jours.*
every other day, *tous les deux jours.*
daily, per day, *par jour.*
this day week, *d'aujourd'hui en huit.*

4e LEÇON.

FOURTH (u=nul-R) LESSON (4th).

I. — *General vocabulary.*

bookseller (E L),	libraire.
saddler,	sellier.
chain (ch=tch T),	chaîne.
spoon (E),	cuiller.
silver,	argent (métal).
steel (E); **i**ron (aïeurn),	acier; fer.
sold* (C),	vendu, vendis, etc. (17).
bought* (bôrte),	acheté, achetai, etc.
pretty (H),	joli.
ugly (D),	laid, vilain.
the day before (be=bi) yesterday,	avant-hier.
with (I S),	avec.

II. — *Classified usual words.*

A. — OTHER PARTS OF THE HOUSE	AUTRES PARTIES DE LA MAISON
ground-floor (oo=o),	rez-de-chaussée.
first story (A),	premier étage (extérieur).
second floor (L),	second étage (intérieur).
a**part**ment (L),	appartement.
attic,	mansarde.
closet (A),	cabinet.
lift,	ascenseur.

front (o=u bref, D),	façade.
balcony (H),	balcon.
to let*,	louer (comme propriétaire).
to **hi**re (haill'eur),	louer (comme locataire).
to pos**sess** (pozèce),	posséder.
B. — THE SCHOOLROOM	LA SALLE DE CLASSE
the desk,	la chaire.
the form (r faible, non roulé),	la table (de classe).
the bench (bénntch),	le banc.
the stool (E),	le tabouret.
the blackboard (F),	le tableau noir.
the **dust**er (D),	le chiffon.
the sponge (o=u bref, D),	l'éponge.
the chalk (tchork),	la craie.

---

38 PASSÉ DU VERBE AUXILIAIRE **to have,** *avoir.*

I had (got) the steel chains.
you had (got) the silver spoons.
he had (got) the saddle.
we had (got) the iron chains.
you had (got) the pretty books.
they had (got) them.

39 3e PERS. DU PRONOM PERSONNEL COMPLÉMENT:

him (K) (masc.), **her** (e=u bref, D) (fém.), **it** (neut.) = *le, la, l', à lui, à elle.*
them (S-D) (pluriel des 3 genres) = *les, eux, elles.*

Remember rules 5. 11.

Ne pas oublier la règle 10. Le pronom complément se place *après* le verbe.

BUYING (u nul, A)

The day before yesterday I bought (17) some books at a bookseller's (31). They are good and pretty books. They are cheap too. The bookseller sold me the books for money. I have given him money for his books. I brought some copybooks too. They are very pretty. The bookseller has a large shop full of books of all sorts. Have you seen the shop of the bookseller?—Yes, I have. —Have you bought books at the bookseller's?—No, I have not.—Have you bought some red copybooks? — Yes, I have bought four red copybooks, but I return them : they are not pretty. The saddler bought some silvered (37) steel chains for his harness and the bookseller bought a dozen silver spoons.

NOTES. — too (à la fin de la phrase), *aussi*. — money, *argent*. — very, *très*. — full, *plein*. — all, *tout, tous, toutes*. — copybook, *cahier*.

EXERCISE FOUR (for)

To be translated into English:

1. J'avais les chaînes. — 2. Vous aviez les cuillers. — 3. Aviez-vous le prix courant? — 4. Avaient-ils les échantillons? — **5. J'avais la facture et l'échantillon.** — 6. Je

l'ai vendu (17) hier. — 7. Vous l'avez acheté. — 8. Il l'avait donné. — 9. Il vendit les jolies chaînes. — 10. J'ai acheté le drap bleu. — 11. Le sellier les a vendus (16). — 12. Le libraire l'acheta (17) à bon marché. — 13. Avez-vous loué le rez-de-chaussée? — 15. Il partit avec le libraire hier. — 16. J'achetai les chaînes jolies et bon marché (9).

Give proper answers to the following questions:

1. Had you got the cheap chains?
2. Have you sold them?
3. Has he not seen the books?
4. Had you not sold the silver chains?
5. Has not the bookseller sold the books?
6. Has she bought the spoons cheap?
7. Have you given the book?
8. Have you bought the goods cheap?
9. Had you sold the silver spoons?
10. Has the saddler sold the chains?
11. Have you given him the books?
12. Has the house a cellar and a garret?

Useful expressions:

when (hou-énn), *quand.*
where (hou-air), *où.*
beforehand, *d'avance, à l'avance.*
pretty well, *assez bien.*
pretty dear, *passablement cher.*
enough (in**euff'**), *assez* (*suffisamment*).

FIFTH (R) LESSON (5th). — 5ᵉ LEÇON

I. — *General vocabulary.*

ring,	bague.
fork,	fourchette.
knife (plur. knives) (i long A),	couteau.
gold (C),	or.
money (o=u bref D),	argent (monnayé).
nickel (L),	nickel.
to cut* (D),	couper.
to ex**pect**,	attendre (compter sur).
good (E),	bon.
bad,	mauvais.
last week (E),	la semaine dernière.
please (ea=î) (verbe suivant à l'impératif),	veuillez...

II. — *Classified usual words.*

A. — **Fur**NITURE (feurnitcheur).	MEUBLES
sideboard,	buffet.
chair (ch=tch),	chaise.
armchair,	fauteuil.
wardrobe (ouôrdrôb),	garde-robe.
chest (ch=tch) of drawers (a=ô),	commode.
looking (E)-glass (6),	glace, miroir.
washstand (wa-ouô),	lavabo.
dressing-table (tèb'l'),	table de toilette.

A bedroom suite,	un ameublement de chambre à coucher.
to sit* down (ow=aou),	s'asseoir.
to put* (poutt'),	mettre, placer.
to move in (mouve),	emménager.
to move out (out=aoutt'),	déménager.

B. — PARTS OF DAY (f=v) — PARTIES DU JOUR

dawn (dorne r faible),	aube.
morning (r faible, J),	matin.
forenoon (E),	avant-midi.
noon, **mid**day,	midi.
afternoon,	après-midi.
evening (eve=îv'),	soir.
twilight (A, gh nuls),	crépuscule.
night (A, gh nuls),	nuit.
midnight,	minuit.

40 FUTUR D'UN VERBE ANGLAIS.

I shall (a=u bref, D) open the knife.
you will (I) accept the silver forks.
he will return the money.
we shall expect you.
you will receive the nickeled chains.
they will give them to-day.

See also rule 20.

Le futur de *prédiction* est celui dans lequel la volonté de la personne *qui parle* n'est pas en jeu. C'est le futur ordinaire.

Remarque sur le futur :

On emploie **shall** à la première personne et **will** aux deux autres.

Ex. : it will rain to-morrow, *il pleuvra demain.*

Interrogativement on emploie à la deuxième personne **shall** au lieu de **will.**

---

5. — BUYING DIFFERENT ARTICLES

Last week I ordered some silver forks and spoons. I expect I shall have them shortly. I shall probably receive them before next week. I shall also buy some silvered spoons. Silvered spoons are not (T) so dear as silver spoons. For the same reason, nickeled goods are cheaper than nickel goods. A silvered spoon is not a bad spoon, but a silver spoon is better than a silvered one; it is also dearer.

Please, buy (15) me a dozen table-knives and six pocket-knives. Open one of the pocket-knives to see if it cuts. If it is a bad knife, return it at once to the seller. If the knife is good, give it to me.

NOTES. — Next, *prochain.* — to buy, *acheter.* — so, *si, aussi.* — not, *ne pas.* — same, *même, pareil.* — but, *mais.* — better, *meilleur.* — pocket, *poche.* — as, *que.*

EXERCISE FIVE

To be translated into English:

1. — Je recevrai la bague. — 2. Tu (13) ouvriras le couteau. — 3. Veuillez retourner les fourchettes. — 4. Il recevra le drap blanc. — 5. Vous avez ouvert la garde-robe. — 6. L'épicier ouvrira le magasin. — 7. Je partirai prochainement. — 8. Il a acheté les mauvaises cuillers. — 9. J'ai vu le boulanger avec le libraire. — 10. Veuillez ouvrir le buffet. — 11. Vous recevrez les échantillons aujourd'hui. — 12. Ils ont déjà vendu les fourchettes d'argent. — 13. Veuillez partir sur-le-champ. — 14. Il partira aujourd'hui. — 15. Il les attendait avant-hier. — 16. Je les ai reçus (17) la semaine dernière.

Give proper answers to the following questions:

1. Will he receive the ring?
2. Shall you return the black stuffs?
3. Will the bookseller receive the book to-day?
4. Have you opened the knife?
5. Have you seen the baker with the bookseller?
6. Has the saddler ordered the nickeled chains?
7. Shall you receive the money to-day?
8. Will the saddler order the nickeled chains now?

9. Have you ordered the silvered goods?
10. When have you bought the spoons?
11. Shall you have the knives (32)?
12. Will not the saddler receive the saddle to-day?

Useful expressions:

here is money, *voici de l'argent.*
there is a knife, *voilà un couteau.*
this ring pleases me very much, *cette bague me plait beaucoup.*
if you please, *s'il vous plaît.*
as you please, *comme vous voudrez.*

SIXTH LESSON (6th). — 6e LEÇON.

I. — *General vocabulary.*

watch (a=ô) (6),	montre.
watch**ma**ker (8),	horloger.
book (E),	livre.
book**bind**er,	relieur.
shop (Q),	boutique, magasin,
shop**keep**er,	marchand, boutiquier.
to make* (A),	fabriquer, faire.
to bind* (B),	relier.
to keep* (E),	garder, tenir (avoir en magasin).
green (E),	vert.
to-**mor**row **e**vening (w nul),	demain soir.
be**fore**,	avant (temps), devant (position).

II. — *Classified usual words.*

A. — The bed	Le lit
spring-**matt**ress,	sommier élastique.
mattress,	matelas.
bedstead (ea=é),	lit (le meuble, bois ou métal),
curtain (D L),	rideau.
sheet (Q E),	drap.
blanket (K),	couverture.
pillow (w nul),	oreiller.
bolster (o=ô),	traversin.

eiderdown **co**verlet (o=u bref D),	édredon.
carpet (O),	tapis.
bedside (i=aï, A) carpet,	descente de lit.
to sleep* (E),	dormir.
to sit* up (D),	veiller.

B. — A TABLE	UNE TABLE
the top.	le dessus.
the leg,	le pied.
the **cast**er (L),	la roulette.
the leaf (ea=î),	la rallonge.
the **draw**er (aw=ô),	le tiroir.
the **fold**ing (C) table,	la table pliante.
the card-table,	la table à jeux.
the table-cloth (R),	le tapis.

---

41 INDICATIF PRÉSENT DU VERBE AUXILIAIRE

to be (bi), *être.*

I	am	a baker.
you	are (ar)	not with them.
she	is (iz)	pretty.
we	are	shopkeepers.
you	are	before them.
they	are	not cheaper.

42 ne pas se dit en un mot **not,** placé après l'auxiliaire.

PLACE DE LA NEGATION

La négation, dans les phrases interrogatives se place APRÈS le sujet-pronom, mais AVANT le sujet-nom.

Remarque sur le futur :

12*a* Le futur de *volonté* est celui dans lequel la volonté de la personne *qui parle* est en jeu. On emploie pour ce futur **will** à la première personne sing. et plur. et **shall** aux deux autres.

> *Ex.* : you shall be a baker, *vous serez boulanger, je veux que vous soyez boulanger.*

---

6. — PROFESSIONS (profécheunnz)

A man who (hou) is in a shop and keeps it is a shopkeeper or shopman. A man who keeps commercial books is a bookeeper.

A person who receives goods is a receiver. A workman who makes saddles is a saddler or a saddle-maker. For the same reason (î), a man who sells books is a bookseller; if he binds them too, he is also a bookbinder.

If you give a silver or gold watch to a watchmaker, he will keep it for a week or so. He will repair it and will return it to you in good order.

So a watchmaker is a man or workman (oueurk' meunn) who makes and repairs watches.

Notes. — who, *qui*. — work, *travail, ouvrage*. — for, *pendant*. — so, *environ, donc*. — man, *homme*. . . . . .

EXERCISE SIX (siks)

To be translated into English:

1. — Je garde le couteau. — 2. Vous gardez l'argent. — 3. Il fabrique les chaînes en nickel. — 4. Je suis (un) horloger. — 5. Le relieur relie le livre vert. — 6. Il garde la montre en or. — 7. Vous garderez la boutique. — 8. Il ouvrira les chambres demain. — 9. Il est devant la boutique de (of) l'horloger. — 10. Etes-vous relieur? Non, je ne (le) suis pas. — 11. Il a vendu les livres hier. — 12. Il recevra le matelas demain matin. — 13. Je ne suis pas sellier; l'êtes-vous? — 14. Vous n'êtes pas boulanger. — 15. Le marchand sera dans la boutique. — 16. Je vous attendrai demain matin.

N. B. — Les mots anglais entre parenthèses sont des traductions (phr. 9). — Les mots français qui ne forment pas une phrase correcte doivent se traduire en anglais (phr. 4). Dans le cas contraire, on ne les traduit pas (phr. 10).

Give proper answers to the following questions:

1. Are you a watchmaker?
2. Is the chain nickeled or silvered?
3. Is the shopkeeper in the shop?
4. Is it a good or a bad book?
5. Shall you be a bookbinder or a bookseller?
6. Is not the chain pretty?
7. Are you not a saddler?
8. Shall you expect me to-morrow?
9. Is the watchmaker in the warehouse?
10. What are you?
11. Are the spoons silver or silvered?
12. Is the bookseller a bookbinder too?

Useful expressions:

make haste! (A) *dépêchez-vous!*
keep quiet! (kouaïett') *tenez-vous tranquille!*
how old are you? *quel âge avez-vous?*
what is this spoon made of? *en quoi est cette cuiller?*
I am in his books, *je suis bien dans ses papiers,*

SEVENTH LESSON (7th). — 7e LEÇON.

I. — *General and commercial vocabulary.*

a **cust**omer (D D L),	un client.
a **mer**chant (meurtch'eunt),	un négociant.
a manu**fact**urer (u=iou, tu=tcheur),	un fabricant.
a **lin**en-**dra**per (dra=drai),	un marchand de nouveautés.
a **trav**eller (D),	un voyageur.
a **tail**or (L),	un tailleur.
to buy* (u nul-A),	acheter.
to sell*,	vendre.
broad (F),	large.
narrow (w nul),	étroit.
the day **after** to-morrow,	après-demain.
after,	après.

II. — *Classified usual words.*

A. — KITCHEN FURNITURE	MEUBLES DE CUISINE
kitchen range (rénndje),	cuisinière.
oven (o=u bref D),	four.
dresser,	buffet (de cuisine).
cupboard (pr. keub'eurd),	armoire.
shelf (plur. shelves) (Q),	rayon.
table with **draw**ers,	table à tiroirs.
stool (E),	tabouret.
sink-stone (K-A),	pierre d'évier.

Dutch clock (I),	coucou (horloge).
to cook (E),	cuire, faire cuire.
to scour (skaoueur),	écurer.
to clean (ea=î),	nettoyer.

B. — DISHES	METS
roastbeef (F E),	rôti de bœuf.
leg of **mutt**on (D L),	gigot de mouton.
veal **cut**let (ea=î, D),	côtelette de veau.
jugged hare (djeughd'hère),	civet de lièvre.
truffled **turk**ey (treuf'l'd teurké),	dinde truffée.
alamode beef,	bœuf à la mode.
cucumber (A D) **sal**ad,	salade de concombre.
Irish (A D) stew (stiou),	ragoût de mouton.

---

43 PASSÉ DU VERBE AUXILIAIRE **to be***, *être.*

I	was (ouôz)	**a** good customer.
you	were (ouère)	expected.
he	was	**a** traveller.
we	were	tailors.
you	were	with him.
they	were	not broad.

Remembre rule 7.

Manière de traduire **n'est-ce pas?**

On place d'abord l'auxiliaire de la phrase précédente, ensuite le pronom-sujet approprié, puis la négation **not,** s'il n'y en a pas dans la phrase précédente.

7. — MAKING, BUYING, SELLING.

A manufacturer is a man who makes goods he sells to his customers. His customers are the linen-drapers, merchant-tailors and tradesmen of all kinds. A man who makes, fabricates or manufactures goods is a manufacturer. A workman who manufactures chains, for example, is a chain-maker.

A manufacturer has travellers, who sell his customers the goods he has fabricated. Travellers may also buy goods for the manufacturer: they are, in that case, called buyers.

A tailor may be a seller or a buyer; so may a manufacturer. The manufacturer buys raw material and sells fabricated goods. A merchant-tailor buys black, blue or red cloth and with it he makes clothes he sells to his customers.

The day after to-morrow I shall order a suit from my tailor. I am the customer of my tailor. I was last year the customer of your tailor, but I was not satisfied with him, so I left him.

NOTES. — kind (B), *espèce*. — this, *ce, cet, cette*. — raw material, *matière première*. — to call, *appeler*. — clothes (touj. pluriel), *vêtements*. — left, (passé de to leave), *laisser, quitter*. — suit, *complet*.

EXERCICE SEVEN (sev'n)

To be translated into English:

1. Il sera négociant ou voyageur. — 2. Vous serez tailleur ou relieur. — 3. Le négociant achète et vend les marchandises. — 4. Le fabricant fabriquera les étoffes. — 5. Le client achètera les chaises. — 6. La boutique était étroite, mais jolie (9). — 8. Il recevra la montre après-demain. — 9. Il reliera les livres demain soir. — 10. Vous vendrez le fauteuil rouge. — 11. Il achète la montre et les bagues (2). — 12. Vous n'étiez pas dans la boutique. — 13. Il était chez (31) le marchand. — 14. Vous n'étiez pas chez le tailleur. — 15. Vous ne serez pas un bon client. — 16. J'achèterai le drap vert après-demain.

Give proper answers to the following questions:

1. Shall you be a merchant?
2. The shop will be narrow, will it not?
3. Were you in the shop yesterday morning?
4. Were you not at the bookseller's (31)?
5. Shall you buy the red cloth now?
6. Will the customer buy the goods directly?
7. Were you with him?
8. Shall you not be a linen-draper?
9. You will bind the book to-day, I suppose.

10. The shop will be very pretty, will it not?
11. The saddler was at the watchmaker's, was he not?
12. When will the tailor receive the watch?

Useful expressions:

it was fine weather, *il faisait beau* (temps).
will it be fine weather? *fera-t-il beau?*
I ordered the watch the day after, *j'ai commandé la montre le lendemain.*
after all, *après tout.*

EIGHTH (gh nuls) LESSON (8th)

8e LEÇON

I. — *General and commercial vocabulary*

Monday (o=u bref D),	lundi.
Tuesday (A, e nul),	mardi.
Wednesday (ouénn'sdai),	mercredi.
a **jew**eller (jew=djou),	un bijoutier.
a **car**penter (L),	un charpentier.
to write* (w nul, A),	écrire.
to read* (ea=î),	lire.
last,	dernier.
next,	prochain.
with**out** fail (S, ou=aou, faile),	sans faute, sans manquer.
by (baille) re**turn** of post,	par retour du courrier.
en**clo**sed (inn-clôzd),	ci-inclus.

II. — *Classified usual words*

A. — Kitchen utensils (iouténnsilz)	Batterie de cuisine
pot (T),	marmite.
saucepan (L),	casserole.
frying-pan (fra-ign'pann'),	poèle à frire.
ladle (laid'l'),	louche.
skimmer,	écumoire.
strainer,	passoire.
coffee (korfi) - pot; **tea**pot (tîpott),	cafetière; théière.
kettle (két'l'),	bouilloire.

funnel (feunn-eul).	entonnoir.
to boil (G),	bouillir, faire bouillir.
to fry (A),	frire, faire frire.
to skim (K),	écumer.

B. — Money — L'argent

a coin (G),	une pièce de monnaie.
gold coins,	des pièces d'or.
a **sov**ereign (soveurine),	un souverain (25 fr. 20).
a half sovereign (l nul),	un demi-souverain.
a crown (ow=aou),	une couronne (6 fr. 25).
a half crown,	une demi-couronne.
a **shill**ing; a bob (fam.),	un schelling (1 fr. 25).
a **penn**y (H),	un décime
a **copp**er (familier),	anglais (10 cent. 4/10).

---

44 CONDITIONNEL PRÉSENT D'UN VERBE ANGLAIS.

to go*, *aller.*

I should (Q, l nul)		go on Sunday.
you would (I nul)		go to morrow.
he would	not	go with you.
we should		go next Monday.
you would		go next year.
they would		go without fail.

44bis *Remarquez les expressions suivantes:*

le(s) dimanche(s) : **on** (sur) **Sunday(s).**
dimanche prochain : **on Sunday next** *ou* **next Sunday.**

8. — THE BUSINESS (bizness) OF A JEWELLER

A jeweller sells jewels. He also makes and repairs them. The jeweller sells jewels to the book-keeper and the latter keeps the books of the jeweller. I shall shortly go to my jeweller's (31) and I shall order some jewels: a bracelet, a pearl-necklace and some rings. I shall write to him to-morrow to tell him so. He will read my letter and probably answer it by return of post. He will make an appointment with me and I shall without fail go to his shop on the appointed day. I suppose it will not be on Sunday, as Sunday is the day of rest. On Sundays the shops are not all open, so I expect it will be on a week-day.

In England, it is customary not to open the shops on Sundays.

Notes. — business, *commerce, les affaires.* — the latter, *ce dernier.* — necklace. *collier.* — to tell, *dire, raconter.* — so, *ainsi, cela, le.* — to answer, *répondre à.* — then, *alors.* — as, *attendu que.* — rest, *repos.* — customary, *d'usage.* — appointment, *rendez-vous.*

EXERCISE EIGHT (gh nuls)

To be translated into English:

1. Il irait avec le bijoutier. — 2. Il ira demain soir sans faute. — 3. Ils l' (39) achèteront demain. — 4. Vous écrirez par retour du courrier. — 5. Vous irez lundi prochain. — 6. Je mets les livres sur le rayon. — 7. Je lirai le livre mardi prochain. — 8. Nous irons mercredi prochain avec le teneur de livres. — 9. Le voyageur écrira au (à le, 28) fabricant. — 10. Nous écrirons à l'horloger la semaine prochaine. — 11. Il irait avec vous après-demain. — 12. Vous iriez avec lui (39) demain soir. — 13. Vous garderiez la boutique et vous vendriez les marchandises. — 14. Il écrira demain sans manquer. — 15. J'ai vu la facture du relieur. — 16. Ci-inclus vous recevrez la facture.

Give proper answers to the following questions:

1. Shall you go to the grocer's (31) now?
2. The bookkeeper is in the shop, is he not?
3. Shall I buy you a watch?
4. Will the tailor be at home (31)?
5. Would he go to Paris on Sunday next?
6. The shop will not be narrow, will it?
7. Shall you go with him?
8. Are the shelves narrow or broad?

9. Shall you go to London next Monday?
10. Will the watchmaker be in his shop?
11. Shall you be a jeweller?
12. Shall you write by return of post?

Useful expressions:

why (houaï), *pourquoi.*
what is...? *qu'est-ce que...? qu'est-ce que c'est que...?*
that is, *cela est, c'est.*
last night, *hier soir.*
the last but one, *l'avant-dernier.*
at last, *enfin.*
I should like to... *je voudrais bien...*
would you like to...? *aimeriez-vous de...?*

NINTH (A) LESSON (9th). — 9e LEÇON

I. — *General vocabulary.*

Thursday (R D),	jeudi.
Friday (A),	vendredi.
Saturday (D),	samedi.
some tea (o=u bref D),	du thé.
some coffee,	du café.
some **su**gar (chougheur),	du sucre.
to see* (E),	voir.
to get* (ghett),	se procurer, procurer, obtenir.
long (lon-gne),	long.
short,	court.
early (ea=u bref D),	tôt, de bonne heure.
here**with** (hîrouiz-S),	avec la présente.

II. — *Classified usual words.*

A. — TABLE **ART**ICLES (T)	OBJETS DE TABLE
plate (A),	assiette.
dish (6),	plat.
glass (6),	verre.
bottle (bot'l'),	bouteille.
cup (D) and **sau**cer (au=ôr),	tasse et soucoupe.
sugar-**ba**sin (bès'n),	sucrier.
salt(sorlt)-cellar,	salière.
de**can**ter (D L),	carafe.

pepper-**cast**er (D L),	poivrière.
to pour (u nul),	verser.
to salt,	saler.

B. — Time (A)	Le temps
at **break'**fast time (brék-feust),	au déjeuner.
at **dinn**ertime (D),	au dîner.
at suppertime (D),	au souper.
in classtime,	pendant la classe.
at bedtime,	au moment du coucher.
in summertime (D),	en été.
in wintertime (I K),	pendant l'hiver.
a **pas**time,	un passe-temps.

---

45 IMPÉRATIF D'UN VERBE ANGLAIS, **to go***, *aller*.

Singulier.

2e personne:	go to Paris at once.
3e pers. masc.: let him	go early.
3e pers. fém.: let her	go next week.

Pluriel.

1re personne: let us (D)	go and see him.
2e personne:	go with him directly.
3e personne: let them	go on Wednesday next.

N. B. — Remarquez que le pronom qui suit l'auxiliaire **let** (laisser) est *complément*, et non pas sujet.

Pour la construction interrogative, voir règle 19.

9. — THE WEEKLY OCCUPATION OF MY FATHER

Every Monday my father writes letters to his customers and specially answers those that have come by the Sunday morning post. On Tuesday he goes and pays a visit to some gentlemen in town. On Wednesday he goes to his office and works with his bookkeeper. On Thursday he has again letters to write and he goes about to see some customers or get new ones. On Friday he generally goes and spends the day with some City gentlemen and comes back home (31) in the evening. Saturday is Exchange day and my father is on that day very busy. The next day being (25) Sunday, and as Sunday is the day of rest, my father rests at home (31) with the whole family, and we all look at illustrated papers and read nice amusing books full of long and short stories.

Notes. — father, *père*. — those, *ceux, celles*. — that. *qui, que*. — come, *venu*. — a gentleman, *un monsieur*. — town, *ville*. — about, *çà et là*. — to spend, *passer*. — City gentleman, *négociant (de la Cité) de Londres*. — to come back, *revenir*. — Exchange, *Bourse*. — busy, *occupé*. — whole, *tout, entier*. — to look at, *regarder*. — paper, *journal*. — story (pluriel : stories), *histoire, conte*. — again, *encore*.

EXERCISE NINE (A)

To be translated into English:

1. Se procurer du sucre. — 2. Je me procure du café. — 3. Il se procure des matelas. — 4. Vous vous procurez des assiettes et des plats. — 5. Allons chez l'épicier (31) et chez le boulanger. — 6. Je verrai le voyageur jeudi prochain. — 7. Il ira chez le tailleur. — 8. Versons le café dans les tasses. — 9. Le café est-il (19) bon marché? — 10. Allez à (28) la boutique et achetez les carafes. — 11. Je me procurerai les livres rouges. — 12. Procurez-vous (15) les cuillers d'argent (8). — 13. J'écrirai au (à le) boulanger samedi prochain. — 14. Je le vois maintenant, il est dans la maison. — 15. Il verra le fabricant la semaine prochaine. — 16. Qu'il écrive immédiatement au relieur.

Give proper answers to the following questions:

1. Shall you see the traveller on Thursday next?
2. You have bought my coffee, have you not?
3. Is the coffeepot silvered or nickeled?
4. Shall you not write to him by return of post?
5. Is the tea good or bad?
6. Would he keep the shop to-morrow morning?
7. Will you buy the coffee or the tea?
9. Shall you sell the silver coffeepot?

8. When shall you write to the linendraper?
10. Will he buy the silver sugarbasin?
11. Have you bought any (4) tea?
12. Have you given him any sugar?

Useful expressions:

here (hîr), *ici.*
there (zère, S), *là.*
get out! *sortez!*
let it be,, *restons-en là.*
let him go, *laissez-le partir.* .
I was short of money, *j'étais à court d'argent.*
Prov. : Time is money, *le temps, c'est de l'argent.*

TENTH LESSON (10th). — 10e LEÇON

I. — *General and commercial vocabulary.*

oil (G),	huile.
soap (F),	savon.
velvet,	velours.
muslin (D K).	mousseline.
goods-train (T),	train de marchandises.
fast train, ex**press** train,	train express, rapide.
to give* (g dur),	donner.
to take* (A),	prendre.
to deal* in (ea=î),	faire le commerce de.
thick (R),	épais.
thin (R),	mince.
just now (j=dj, D),	en ce moment.
by (A); for,	par; pour (suivi d'un nom).

II. — *Classified usual words.*

A. — **WRI**TING MA**TE**RIALS (matir'ieulz)	FOURNITURES DE BUREAU
copybook,	cahier.
pen; nib (D),	plume; bec de plume.
pen**hol**der (U),	porte-plume
pencil (D),	crayon.
ruler (u long A),	règle.
square (M A),	équerre.

pencilbox (6),	plumier.
indiarubber (D),	gomme à effacer (caoutchouc).
sealing-wax (ea=i),	cire à cacheter.
to cross off (ôrf),	biffer.
to rub out (D ou=aou),	effacer (avec la gomme).
to rub,	frotter.
to scratch out (a word) (oueurd),	gratter (un mot).

B. — Bookselling (J)	Librairie
publisher (D Q),	éditeur.
author (ôrs'eur R),	auteur.
printer (K),	imprimeur.
stitcher,	brocheur.
edition (tion=cheunn'),	édition.
a **cop**y (H),	un exemplaire.
a folio,	un in-folio.
a **quar**to (kouorto),	un in-quarto.

---

46 INDICATIF PRÉSENT DU VERBE AUXILIAIRE

I can :

je peux, je suis capable de, je suis à même de.

I can (D)	buy them at the grocer's (31).
you can	read the letter.
he cannot	come earlier.
we can	sell the book cheaper.
you cannot	deal with them just now.
they can	go by fast train.

Lire avec attention les règles 22 et 23.

REMARQUE. — Il faut noter, une fois pour toutes, que beaucoup de substantifs anglais sont en même temps des verbes. *Ex.* : to bottle, to sugar, to pepper, to nickel, to silver, to oil, to soap, to carpet, to book, etc., etc.

---

10. — MAKERS AND DEALERS

A manufacturer orders some oil and perhaps some soap. A linen-draper may order some muslin and a merchant-tailor some black, green or blue cloth or velvet. Is muslin broad and thick? No, it is neither broad nor thick. Is velvet narrow and thin? Velvet is generally narrow, but it is not very thin; it is rather thick. So is cloth. These goods are sent to those that ordered them by goods-train or by fast train by the maker.

A man who makes soap is a soap-maker or soap-boiler. A workman who makes stuffs, such as velvet, cloth, muslin and so on, is a weaver. My brothers deal in cloths and make them too: they are clothiers. My father makes bread and sells it: he is a baker.

NOTES. — dealer, *vendeur, débitant.* — perhaps, *peut-être.* — neither... nor..., *ni... ni...* — rather, *plutôt, un peu.*

— sent, participe passé de to send, *envoyer*. — such as, *tels que, telles que*. — weaver, *tisserand, tisseur*. — brother, *frère*. — who, *qui*. — may, *peut*.

EXERCISE TEN

To be translated into English:

1. Je peux voir le train maintenant. — 2. C' (it) est un train de marchandises. — 3. Elle peut écrire par retour du courrier. — 4. Vous pouvez faire le commerce de thés. — 5. Ils peuvent fabriquer les bouilloires. — 6. Le velours vert est épais et large, n'est-ce pas? — 7. N'est-ce pas que la mousseline blanche est mince et étroite? — 8. Pouvez-vous nous procurer l'huile? — 9. Je ne peux pas le voir aujourd'hui. — 10. Il ne peut pas (y) aller en ce moment. — 11. Vous pouvez venir (et) le voir les dimanches (44bis). — 12. Je peux vous (10) procurer les cahiers. — 13. Ira-t-il avec le teneur de livres? — 14. Donnez-lui (11) les bouteilles et les verres (2). — 15. Donnons-lui les livres à relier. — 16. Qu'elle parte demain sans faute.

Give proper answers to the following questions:

1. Can you see the train?
2. Is it a goods-train or a fast train?
3. Can you get me any (4) sugar?

4. The muslin is not very narrow, is it?
5. Can you deal in oils?
6. Is cloth thin or thick?
7. Will the bookkeeper go to the tailor's (31)?
8. Is the red cloth broad?
9. Cannot Charles go there with Henry?
10. Can a jeweller deal in jewels?
11. Is the green cloth thin or thick?
12. Can you scratch out any (4) words?

Useful expressions:

be**cau**se, *parce que.*
take care, *prenez garde.*
to get thick, *devenir épais, s'épaissir.*
to get thin, *devenir maigre, maigrir.*
you read too fast, *vous lisez trop vite.*
you read fast too, *vous lisez vite aussi.*
and so on, *et ainsi de suite, etc.*

ELEVENTH LESSON (11th). — 11e LEÇON.

I. — *General and commercial vocabulary.*

January (djéniouaré),	janvier.
February,	février.
March (ch=tch),	mars.
linen (D),	toile.
flannel (L),	flanelle.
luggage(u bref D)-train,	train de petite vitesse.
Mr. **Jack**son (pro. **mis'**teur)	Monsieur Jackson.
been* (E),	été.
had*,	eu.
in time (D A),	à temps.
post-free (E),	franco de port (par poste).
carriage(karidj)-free, carriage paid,	franco de port (par chemin de fer).
what day of the month is it?	quel quantième avons-nous?

II. — *Classified usual words.*

A. — Paper (A)	Le papier
foolscap paper (E),	papier tellière ou ministre (44×34).
royal paper (rô'ieul),	papier grand raisin (65×50)
crown paper (o=aou),	papier couronne (46×36).
blotting paper (J),	papier buvard.

ruled pap**e**r (roul'd),	papier réglé.
a ream (ea=î),	une rame.
a quire (kouaï'eur),	une main.
a sheet (E),	une feuille.
a **marg**in (g=dj, K),	une marge.
to fold (B),	plier.
to tear (tair) to **pie**ces (pîcess).	déchirer, mettre en pièces.
to rule (A).	régler, ligner.

B. — A BOOK	UN LIVRE
cover (keuv'eur),	couverture.
back,	dos.
edge,	tranche.
gilt (g dur) edges (T),	tranches dorées.
page (A, g=dj),	page.
line (A),	ligne.
heading (ea=é),	titre, en-tête.
index (K),	table des matières.

---

47 INDICATIF PRÉSENT DU VERBE AUXILIAIRE,

I must, *je dois*
(dans le sens de il faut que je, je suis obligé.)

I must (D)	not keep the money.
you must	buy them cheap.
he must	give it to you.
we must	order them to-morrow.
you must	not expect it.
they must	have it in time.

48 **to** traduit les prépositions *à, de, pour,* devant les verbes.

49 Les infinitifs qui suivent les auxiliaires ne sont pas précédés de la préposition **to** (V. R. 22 N. B.).

---

11. — ABOUT ENGLISH WORDS

To deal is to do business and sell someone some goods or other. A shopkeeper who sells tea is a teadealer. The English language is very irregular in the information of words. So you must not say: a stuff-dealer, but you must say : a linen-draper. You must not say : a bread-dealer, a bookdealer, a clothdealer. The correct terms are respectively, a baker, a bookseller, a clothier. A workman who makes knives is a cutler; he is in the cutlery-trade.

If a man makes or fabricates some article, he is termed **maker.** If he makes watches, he is a watchmaker. If he refines sugar, we call him a sugar-refiner. If he fabricates lamps, he is a lamp-maker, and so on.

On the other hand, a man who reads or writes is a reader or a writer. A fellow who gives or takes is a giver or a taker. Again we have the term warehouseman, shopman, postman to designate a man who keeps a warehouse, a shop or who is busy at the post-office.

NOTES. — About, *sur, concernant.* — other, *autre.* — to say, *dire.* — hand, *main, côté.* — fellow, *individu, personne, camarade.* — termed, *appelé.*

EXERCICE ELEVEN (élèv'n).

To be translated into English:

1. M. Jackson doit (y) aller pour acheter le drap. — 2. Vous devez partir par train rapide. — 3. Nous le recevons franco par la poste. — 4. J'ai reçu (17) hier les onze rames de papier. — 5. Il faut que je parte immédiatement. — 6. Il faut que je le voie tout de suite. — 7. Il faut qu'il reçoive la toile à temps. — 8. Je recevrai la flanelle franco. — 9. Nous l'aurons sans faute en mars. — 10. Vous devez lui donner la facture. — 11. J'ai eu (17) les bagues à temps et je les ai vendues (16). — 12. Il faut vous procurer une montre en or. — 13. Je me le procure à bon marché. — 14. Monsieur Charpentier se les procure à meilleur marché. — 15. Procurez-les vous sur-le-champ (leç. 2). — 16. Faut-il que vous achetiez le papier buvard?

Give proper answers to the following questions:

1. Have you had the velvet in time?
2. You can see them now, can you not?

3. Must the bookseller go by fast train?
4. Cannot the linendraper buy the white stuffs?
5. Must you not get the watch directly?
6. Has the traveller received the samples yesterday?
7. Have you bought the coffeepots cheap?
8. Will Mr. Good deal in jewels?
9. Will Mr. Short receive the book post-free?
10. Must you buy the copybooks to-day?
11. Have you been in Paris to buy goods?
12. Shall you receive the goods carriage paid?

Useful expressions:

you must not be too free, *il ne faut pas être trop familier, trop sans-gêne.*
word for word, *mot à mot.*
at the same time, *en même temps.*
free admission, *entrée libre.*
no admission, *le public n'entre pas ici.*
carriage unpaid, *en port dû.*
too, *aussi* (à la fin de la phrase).
also, *aussi* (dans le corps de la phrase).

TWELFTH LESSON (12th). — 12e LEÇON.

I. — *General vocabulary.*

April (A L),	avril.
May,	mai.
June (j=dj, A),	juin.
slow train (w nul),	train omnibus.
letter,	lettre.
note (A)-paper,	papier à lettres.
envelope (en=énn),	enveloppe.
sent*,	envoyé, envoyais, etc.
made* (A),	fait, fabriqué, fabriquais,etc.
high (U A, gh nuls),	haut.
low (w nul).	bas.
soon (E),	bientôt.
to-day is the 12th.	nous sommes le 12.

II. — *Classified usual words.*

A. — The family	La famille
the grand**fath**er (D S),	le grand-père.
the grand**moth**er (o=u bref D),	la grand'mère.
the father,	le père.
the mother,	la mère.
the son (o=u bref D),	le fils.

the **daugh**ter (gh nuls),	la fille.
the grandson (gra'nnd),	le petit-fils.
the granddaughter (au=ôr),	la petite-fille.
the child (tchaïld) (plur.), children),	l'enfant.
to love (o=u bref D),	aimer (avoir de l'affection).
to like (A),	aimer (avoir de la sympathie).
to es**teem** (E),	estimer.

B. — **Ho**LIDAYS	JOURS DE FÊTE
New (niou)-Year's day,	le premier de l'an.
Carnival (L),	le carnaval.
Shrove-Tuesday,	le mardi-gras.
Easter (ea=î),	Pâques.
As**cen**sion day (acénn-cheune),	l'Ascension.
Whitsuntide (ouitseuntaïde),	la Pentecôte.
All Saints' (orlcénnts) day,	la Toussaint.
Christmas (Xmas) (cris'-meus).	la Noël.

---

50 INDICATIF PRÉSENT DU VERBE AUXILIAIRE,

I may: *je peux*

(dans le sens de j'ai la permission, il se peut que je...)

I may give it to you.
you may not sell it.
he may see them to-morrow.
we may make it for you.

you may take a fast train.
they may keep the letters.

Voir aussi la règle 23.

Notez sur ce verbe les expressions suivantes:

he may write to-morrow, *il se peut qu'il écrive demain.*
you may sell it, *je vous autorise à le vendre.*
he may not take the ring, *il n'est pas autorisé à prendre la bague.*

---

12. — Mr. JACKSON.

Mr. Jackson must go to London. He can take a slow or a fast train, but he will take a fast train to arrive there early, and to be there in time to see his London customers. He will sell them his goods. He sent them some samples and his price list last month. Samples and price-lists are always sent to customers post-free.

Mr. Jackson has had time to see his Oxford customers too and to deal with them. He must now send his customers the flannel and linen and other merchandise they ordered from him. Mr. Jackson always forwards his goods carriage paid to any part of the United Kingdom.

Mr. Jackson is an able tradesman and he is rich

and honest. He will return to London and Oxford in January or March and again he will do good business and make money in his trade.

NOTES. — There, *là, y.* — always, *toujours.* — from, *de* (29). — to forward, *expédier.* — any, *n'importe quel.* — Kingdom, *royaume.* — able, *capable.* — again, *de nouveau.* — to do, *faire, agir.* — trade, *commerce.*

EXERCISE TWELVE

To be translated into English:

1. Donnez-lui le papier à lettres et le papier buvard. — 2. J'ai envoyé les enveloppes et le papier réglé. — 3. Le buffet était haut et étroit, n'est-ce pas? — 4. J'ai fabriqué la toile à temps. — 5. Avez-vous fabriqué le velours? Oui, (j'ai). — 6. Puis-je écrire la lettre à (28) M. Blanc. — 7. Peut-il lire les lettres? Oui, (il peut). — 8. Avez-vous la permission de le (10) vendre? — 9. Vous pouvez (23) partir (aller) avec le père. — 10. Vous n'avez pas la permission de partir. — 11. Monsieur Lecourt achètera la flanelle et le velours. — 12. J'ai envoyé le savon en juin. — 13. Peut-il aller chez lui (31) avec M. Levert? — 14. Ils ont envoyé la toile franco. — 15. Avez-vous envoyé le livre par retour du courrier? — 16 Il vous faut partir immédiatement.

Give proper answers to the following questions:

1. May you write the letter?
2. Shall you soon write it?
3. Will Mr. Low buy the soap?
4. Was it a fast or slow train?
5. I may go to your house with you, may I not?
6. Has Mr. Short sent the velvet in time?
7. Have you sent the book by return of post?
8. May I give Mr. Black the note-paper and envelopes?
9. May Mr. Low go to Oxford with Mr. Day?
10. I can read the letters, can't I?
11. Must Mr. Merchant sell the goods?
12. May I give the child the glasses?

Useful expressions:

a great deal (dîl) of, *beaucoup de, une grande quantité de,* (suivi d'un singulier).
who (hou), *qui* (personnes; sujet du verbe).
how slow you are; *que vous êtes lent!*
how quick he is! *qu'il est vif!*
you are too slow, *vous retardez, votre montre retarde.*
how high is that tree? *quelle est la hauteur de cet arbre?*
it is high time, *il est grandement temps.*

THIRTEENTH (ir=eur) LESSON (13th).

13e LEÇON.

I. — *General and commercial vocabulary.*

July (djoulaï),	juillet.
August (orgheust),	août.
Sep**tem**ber (D),	septembre.
raw sugar (rôr),	cassonade.
olive-oil (olivoïl),	huile d'olives.
to come*; I came (keume, kaime),	venir; je vins.
to go*; I went (ouénnt),	aller; j'allai.
once,	une fois.
twice (I A),	deux fois.
wholesale (hôl'cèl),	en gros.
late (A),	tard, en retard.
on (onn') the 13th of April,	le 13 avril.

II. — *Classified usual words.*

A. — RELATIVES (relativz)	LES PARENTS
the **broth**er (o=u bref D-S),	le frère.
the **sist**er,	la sœur.
the brother-in-law (lôr),	le beau-frère.
the sister-in-law,	la belle-sœur.
the **un**cle (unn'k'l),	l'oncle.

the aunt (ânnte),	la tante.
the (male) (A), **cous**in (keuz'n),	le cousin.
the (**fe**male) cousin (fimel),	la cousine.
to **marr**y (H),	épouser, se marier avec.
to get* married (marid),	se marier.

B. — How (haou) IS THE **WEATH**ER? (ea=é) — QUEL TEMPS FAIT-IL?

cloud; **cloud**y (ou=aou),	nuage; nuageux.
rain; **rain**y,	pluie; pluvieux.
shower (ow=aou),	averse, ondée.
thunder (R),	tonnerre.
thunderclap,	coup de tonnerre.
storm; **storm**y,	orage; orageux.
lightning (laït'nigne),	éclair.
tempest (D),	tempête.

---

51 INDICATIF PRÉSENT DU VERBE AUXILIAIRE.

I shall: *je dois, il faut que je.*

I shall pay my debts.
you shall not keep the money.
he shall come with me.
we shall not go with him.
you shall keep the ring.
they shall be punished.

52 INDICATIF PRÉSENT DU VERBE AUXILIAIRE,

I will: *je veux, je tiens à, c'est mon intention de.*

I will and can make it.
you will, but yon must not go.
he will come and see me.
we will punish you, il you are late.
you will, but you may not keep it.
they will not have it.

Remarque. — Les verbes ci-dessus, outre leur usage pour former le futur, sont aussi employés dans leur signification propre (Voir N°s 40*a* et 42*a*).

---

13. — ORDERING GOODS

If I want to buy some raw-sugar, olive-oil, soap, coffee or some other goods of that kind, I must write to a wholesale merchant. I take a sheet of note-paper and an envelope. When I have finished my letter, I place it into the envelope. I write the address of the wholesale merchant on the envelope and finally I post my letter. The ordered goods soon come. They may however be late : trains are not always regular, specially slow trains or luggage trains. Some goods I ordered last September have been late once or twice.

Conclusion: you will always do well to order your goods long before the day when you want them; so you are sure to get them in due time in your warehouse or in your shop.

NOTES. — to want, *avoir besoin de.* — to post, *mettre à la poste.* — however, *cependant.* — well, *bien* (adv.). — long, *longtemps.*

EXERCISE THIRTEEN

To be translated into English:

1. Je veux (y) aller plus tard avec vous. — 2. Le frère et la sœur viendront demain. — 3. Ils vendirent le savon en gros. — 4. La cassonade arrivera (viendra) après-demain. — 5. Voulez-vous venir demain avec lui chez M. Lebon (31)? — Qu'il vienne (45) avec vous la semaine prochaine. — 7. Nous viendrons sans lui pour acheter la toile. — 8. Il viendra tard et je viendrai tôt. — 9. Il a expédié l'huile d'olive par train de marchandises. — 10. Je veux vous donner une main de papier buvard. — 11. Il faut que vous veniez en septembre sans faute. — 12. Peut-il venir en août? Oui, je le lui permets. — 13. Le papier vert est fabriqué par la maison Boulanger. — 14. L'huile est vendue en gros par M. Drapier. — 15. Je l' (10) ai vu une fois chez M. Leblanc. — 16. Je veux envoyer la flanelle franco de port,

Give proper answers to the following questions:

1. Will you come with me?
2. Who will go with him to Paris?
3. Must I not send it carriage-paid?
4. They cannot deal in stuffs, can they!
5. Will the raw sugar be sold wholesale?
6. When will the olive-oil come?
7. Where have you seen the father and mother?
8. When will Mr. Green get married?
9. Shall you come with my uncle?
10. Who will come with me to London?
11. Can Mr. Short come to Paris in July?
12. Is not the indiarubber sold by Mr. Good?

Useful expressions:

a great **ma**ny, *beaucoup de, une grande quantité de,* (suivi d'un pluriel).
whom (houme), *que, qui* (personnes; complément direct ou indirect du verbe).
come in! *entrez!*
go on, *continuez.*
you are late, *vous arrivez en retard.*
what makes you so late? *qu'est-ce qui vous a tant attardé?*
better late than **ne**ver, *mieux vaut tard que jamais,*

FOURTEENTH LESSON (14th). — 14e LEÇON.

I. — *General and commercial vocabulary.*

Oc**to**ber (L),	octobre.
No**vem**ber.	novembre.
De**cem**ber.	décembre.
silk,	soie.
cotton (L),	coton.
wool (E),	laine.
to fail (fai'l),	faire faillite, manquer.
to deal* with (ea=î),	faire des affaires avec.
to do* (o=ou),	faire (sens de agir).
strong (stron'gne),	fort (adj.).
dark,	sombre, foncé.
three (E), times,	trois fois.
in the year **nine**teen **hun**dred, and eighteen.	en l'année dix-neuf cent dix-huit.

II. — *Classified usual words.*

A. — THE PARTS OF THE **HU**MAN (hioum'n) **BOD**Y (H),	LES PARTIES DU CORPS HUMAIN
head (ea=é),	tête.
neck,	cou.
shoulder (u nul),	épaule.

chest (ch=tch),	poitrine.
arm,	bras.
wrist (w nul),	poignet.
hand (hénnd),	main.
finger (finn'gheur),	doigt.
thumb (A, b nul),	pouce.
to shake hands with,	serrer la main à.
to look up (E D),	lever la tête.
to shake* (chaik),	hocher (la tête), secouer.

B. — In**TER**nal parts of the human body	Parties internes du corps humain
an **org**an (L),	un organe.
the heart (e nul),	le cœur.
the **liv**er (D),	le foie.
the **bow**els (ow=aou),	les intestins.
a vein (T),	une veine.
an **ar**tery (H),	une artère.
the brain (T),	le cerveau.
the lungs (T),	les poumons.

---

53 LE POSSESSIF SAXON.

Il se forme comme suit; *Ex.:* la facture du fabricant. On place d'abord le nom du *possesseur* (the manufacturer). Ensuite: une apostrophe et une s ('S), et enfin, le nom de l'objet *possédé* sans article (invoice).

the manufacturer's invoice.

1re REMARQUE. — Ce possessif ne s'emploie que quand le possesseur est un être *animé.*

2e REMARQUE. — La tournure française: la facture du fabricant (the invoice of the manufacturer), bien que quelquefois employée en anglais, est beaucoup moins usitée.

---

14. — SELLING, BUYING, PAYING

A tradesman can do very good business by selling (25) stuffs. Good strong cotton-stuffs may be sold to workmen. Silk-stuffs are not generally bought by workmen, but by rich people. Woollen stuffs are bought by everybody.

When you buy something, you must expect to have to pay for it, must you not (43*a*)? You cannot get goods without money, that is to say, for nothing. So a tradesman must take care not to sell his goods on credit to people that cannot or perhaps will not pay him.

On the other hand, if a tradesman's customers will not or cannot pay for the goods that they buy, or if the people he deals with take too long to pay him, or again if the tradesman cannot, for some reason or other, pay for the goods he buys, he is sure to fail before long. I have known a fellow who failed three times in ten years.

NOTES. — People, *gens*. — everybody, *tout le monde*. — something, *quelque chose*. — that, *ce*, *cela*. — to have to, *devoir*, *être obligé de*. — nothing, *rien*. — care, *soin*, *garde*. — known, participe passé de to know, *connaître*, *savoir*. — without, *sans*.

EXERCISE FOURTEEN (fortîne)

To be translated into English:

1. Ils firent faillite l'an dernier. — 2. Son frère fera faillite en octobre. — 3. Je fais des affaires avec lui: je lui vends de la laine. ... 4. Je lui ai vendu la soie bleue et le (2) coton blanc. — 5. Vous irez le voir en décembre. — 6. J'ai eu l'étoffe de soie en février. — 7. Vous aurez le velours de coton en juillet. — 8. Nous ferons des affaires avec lui. — 9. Le père a fait faillite une fois. — 10. Il n'a pas envoyé la laine. — 11. Vous n'aviez pas reçu le velours de soie bleu foncé. — 12. Vous ne devez (47) pas être en retard. — 13. Il vous a envoyé les livres. — 14. La soie est plus forte que (34) le coton (7). — 15. Il vient pour (48) voir ses clients. — 16. Pouvez-vous me procurer la laine vert foncé?

Give proper answers to the following questions:

1. Shall you deal with Mr. Strong or not?
2. Can you get me the green cloth for next Thursday?
3. You have received Mr. White's letter, have you not?
4. Your tailor has not failed, has he?
5. Whom have you sent to Mr. Day's?
6. Shall you not go and see him in October?
7. Will not Mr. Jackson soon fail?
8. Have the firm Black and Company failed?
9. Will you shake hands with Mr. Green?
10. Your traveller has sent the samples, has he not?
11. Has Mr. Strong received Mr. Baker's (53) nickeled goods?
12. Will your father come with you to Paris next August?

Useful expressions:

which (houitch') *qui, que* (choses; sujet ou complément du verbe).
which signifie aussi, *lequel, laquelle, etc., quel, quelle, etc.*
it is dark, *il fait nuit.*
it is **grow**ing dark, *il se fait tard, la nuit tombe.*
in the dark, *dans l'obscurité.*
dark green stuffs, *des étoffes vert-foncé.*

FIFTEENTH LESSON. — 15e LEÇON.

I. — *General and commercial vocabulary.*

a stamp,	un timbre.
a half-penny (**hè**pné) stamp,	un timbre de cinq centimes
a twopence (**teup**énse) half-penny stamp,	un timbre de vingt-cinq centimes.
a **par**cel (L),	un colis, un paquet.
an ac**count** (ou=aou),	un compte.
an account-**cur**rent (D),	un compte-courant.
there is (là est),	il y a (suivi d'un sing.).
there are (là sont),	il y a (suivi d'un plur.).
large (ge=dje).	grand, spacieux.
big.	grand, gros, volumineux.
too small (smôrl),	trop petit.
by ret**ail** (ritèl),	en détail.

II. — *Classified usual words.*

A. — Other parts of the human body	Autres parties du corps humain
back,	dos.
leg,	jambe.
thigh (R B, gh nuls),	cuisse.
knee (N E),	genou.
side (A),	côté.
foot (plur. feet) (E),	pied.

heel (E),	talon.
toe (tô),	orteil.
nail (nèl),	ongle.
to walk (ouôrk),	marcher.
to go* on foot,	aller à pied.
to run* (D),	courir.

B. — DISEASES (ea=î, T)	LES MALADIES
fever (fîveur),	fièvre.
scarlet fever,	fièvre scarlatine.
typhoid fever (A G),	fièvre typhoïde.
small pox,	petite vérole.
con**sump**tion (tion=cheune)	phtisie.
heart di**sea**se,	maladie de cœur.
measles (plur.) (ea=î, T),	rougeole.
gout (ou=aou),	goutte.

---

54 PASSÉ ET CONDITIONNEL PRÉSENT DU VERBE AUXILIAIRE,

I can. — *je pouvais, je pourrais.*

I could (l nul) sell it retail.
you could not fait to see it.
he could have come (*il aurait pu venir*).
we could not deal with them.
you could have been there in time (*vous auriez pu y être à temps*).
they could keep accounts.

Remember rule 23.

Quelle heure est-il? What time is it? ou what o'clock is it?

15. — LETTER-WRITING

When you have written a letter, you must get a stamp, a penny stamp. For abroad, you must get a twopence halfpenny stamp. That stamp you must stick on the envelope containing (25) your letter, on the side of the address. You may send a letter without a stamp on it, but in that case, the receiver would have to pay an extra-postage; so it is better to stick the necessary stamps on your letters. Besides, if you stick no stamp on a letter which you send, the receiver will be displeased with you, and if he is one of your customers, you may lose his custom.

If you have no stamps, there are some at the post-office. You must go and buy some.

It is not only letters that may be sent by post. You may also send small parcels of goods, such as jewelry, books, a watch, a knife, a pair of scissors, any sum of money, invoice, price-list and even samples of tea, coffee, sugar, chocolate, silk, cotton, wool, as long as those samples are neither too big nor dirty, nor breakable.

Notes. — Abroad, *à l'étranger*. — to stick, *coller*. — side, *côté*. — receiver, *destinataire*. — postage, *port*. — better, *mieux*. — no, *ne... pas de*. — displeased, *mécontent*. — to lose, *perdre*. — some, *quelques-uns, en*. — only, *seulement*. ... even, *même*. — as long as, *tant que*. — those, *ces, ceux*. — besides, *en outre*. — to break, *casser*.

EXERCISE FIFTEEN (D E)

To be translated into English:

1. Donnez-lui un timbre de dix centimes. — 2. Donnez-moi un timbre de cinq centimes. — 3. Veuillez me donner un timbre de vingt-cinq centimes. — 4. Il y a une (1) facture dans le paquet. — 5. Il y a des (4) timbres dans la lettre. — 6. Il y a un gros colis pour vous. — 7. Je pourrais vendre la mousseline en détail. — 8. Nous pourrions écrire au (to the) fabricant. — 9. Le paquet a été envoyé trop tard. — 10. Les gros colis sont pour le bijoutier, n'est-ce pas? — 11. Vous le vendrez en détail à vos clients. — 12. Y a-t-il un timbre sur (44 *bis*) la lettre? — 13. Les bagues sont trop minces et trop petites, n'est-ce pas? — 14. Je pouvais le vendre en gros aux (7-28) épiciers. — 15. Vous pourriez le voir demain, n'est-ce pas? — 16. Nous ne pouvons les vendre en détail.

Give proper answers to the following questions:

1. You will give me a stamp, shall you not?
2. Is there a parcel for Mr. Small?

3. Could he sell the penny books (8) retail?
4. Could not Mr. Low give me Mr. May's big parcel?
5. What sort of book was it?
6. Could you not give me a halfpenny stamp?
7. What is there in your parcel?
8. There is a parcel for me, is there not?
9. Can you give me a twopence halfpenny stamp?
10. Could Mr. Red sell the twopenny rings retail?
11. Is there a stamp on Mr. Black's letter?
12. Could you sell the red stuffs wholesale?

Useful expressions:

'tis, abréviation familière de it is, *c'est.*
'tisn't, abréviation familière de it is not, *ce n'est pas.*
on my account, *à cause de moi.*
on that account, *à cause de cela.*
for my own account, *pour mon propre compte.*
by your account, *d'après ce que vous dites.*

SIXTEENTH LESSON. — 16e LEÇON.

I. — *General and commercial vocabulary.*

one sheep (invar. au plur.),	un mouton.
two glass**es** (6) (T),	deux verres.
three watch**es** (6) (T),	trois montres.
four brush**es** (6) (D T),	quatre brosses.
there was,	il y avait (sing.).
there were,	il y avait (plur.).
Mrs. Fox (**miss**ess),	Madame Renard.
ab**out** (ou=aoŭ),	environ, à peu près.
with**out**; on,	sans; sur.
to sell* for cash (Q),	vendre au comptant.
to buy* **rea**dy (réd'é) money	acheter au comptant.
it is one o'clock,	il est une heure.

N. B. — Le mot **o'clock** est invariable et ne s'emploie que si l'heure n'est pas accompagnée de fractions.

II. — *Classified usual words.*

A. — Parts of the head	Parties de la tête
hair,	cheveu(x).
forehead,	front.
nose (A),	nez.
eye (e nul, A),	œil.
cheek (ch=tch, E),	joue.
mouth (ou=aou, R),	bouche.
lip,	lèvre.
tooth (pl. teeth) (R),	dent.

tongue (o=u bref D),	langue.
chin (tchinn'),	menton.
to smell*,	sentir (une odeur).
to **swall**ow (a=ô),	avaler.
to look (at),	regarder.

B. — **SLIGHT**ER (B) AILMENTS	LÉGÈRES INDISPOSITIONS
a pain (T),	une douleur.
a headache (hédaik),	un mal de tête.
toothache,	mal aux dents.
a sore throat (R F),	un mal de gorge.
a sore finger,	un doigt blanc.
sore eyes,	mal aux yeux.
a cold (C),	un rhume.
a cold in the head,	un rhume de cerveau.

---

55 PASSÉ ET CONDITIONNEL PRÉSENT

DU VERBE AUXILIAIRE,

I may. — *je pouvais, je pourrais,*
il se pourrait que je...

I might (B, gh nul) have returned it (*j'aurais pu le renvoyer*).
you might come in January.
he might buy it ready money.
we might be there on the 4th.
you might have come with me (*vous auriez pu venir...*)
they might sell them for cash.

16. — Mrs. FOX

There was among Mr. White's customers a certain Mrs. Fox who was a very good housewife. She was in the habit of never buying anything without the money in her (5) hand. When Mrs. Fox was about to buy anything, she first looked in her money-box to see whether she had money sufficient for her purchase. Everything she bought she paid for it ready money, and all the tradesmen in her street were very pleased to deal with her. A merchant is always pleased to sell his goods for cash.

The other day, she got very cheap at a jeweller's (31) who had failed, some silver forks and spoons, and a gold watch with the chain for her husband. She made a very good bargain, because she had the money ready in hand.

Mrs. Fox can keep accounts and she looks over the invoices sent her and sees whether there are errors in them.

So, no mistake, Mrs. Fox well deserves her name, as she is very cunning, and nobody could catch or deceive her.

NOTES. — Among, *parmi.* — housewife (pron. heus-**souif**) *ménagère.* — habit, *habitude.* — never, ne... *jamais.* — about to, *sur le point de.* — whether, *si (oui ou non).* — purchase, *achat.* — husband, *mari.* — bargain, *marché, affaire.* — because, *parce que.* — to look over, *vérifier.* ... no mistake (fam.), *c'est bien entendu.* — to deserve, *mériter.* — name, *nom.* — cunning, *rusé.* — to catch, *attraper, tromper.*

EXERCISE SIXTEEN

To be translated into English:

1. Il y a un timbre sur la facture de M. Lenoir (53)? — 2. Y a-t-il un colis pour Madame Renard? — 3. Il y avait trois grandes brosses et deux petites chaînes. — 4. Je le vends au comptant; voulez-vous l'acheter? — 5. Il vend les montres (6) sans les chaînes. — 6. Quelle heure est-il? Il est deux heures. — 7. Il y avait deux timbres sur l'enveloppe. — 8. Madame Leblanc a renvoyé les quatre brosses. — 9. Les trois montres (6) ont été retournées (16) hier. — 10. Il y aura une grande commande pour vous. — 11. Il a ouvert un compte à M. Renard. — 12. Il y avait quatre cuillers et trois fourchettes. — 13. Il achète la marchandise sans (30) la voir. — 14. Il y a un colis pour toi (13) chez M. Jackson (31). — 15. Les montres ont été fabriquées par l'horloger. — 16. Quelle heure était-il? Il était environ six heures.

Give proper answers to the following questions:

1. There is a stamp on the letter, is there not?
2. Is the cloth sold for cash?
3. Were not the watches returned the day before yesterday?
4. Will there be a large order for you?
5. What o'clock was it?
6. Was there a parcel for Mrs. Fox?

7. Were the brushes sold by Mr. Small's traveller?
8. Will there be a parcel for me?
9. Was there a stamp on the invoice?
10. Was there a parcel for me in the shop?
11. Had Mr. Fox sold the watches without the chains?
12. What time is it by your watch?

Useful expressions:

'twas, abréviation familière de it was, *c'était, ce fut.*
are you in cash? *êtes-vous en fonds?*
I have no money about me, *je n'ai pas d'argent sur moi.*
we are about starting for London, *nous sommes sur le point de partir pour Londres.*
what are you about? *que faites-vous (en ce moment)?*

SEVENTEENTH LESSON. — 17e LEÇON.

I. — *General vocabulary.*

five oxen (sing. ox),	cinq bœufs.
six cows (kaouz),	six vaches.
seven boxes (6),	sept boîtes.
eight po**ta**toes (6) (potaiteuz),	huit pommes de terre.
a large one,	un grand.
two small ones,	deux petits.
Miss **Car**ter,	Mademoiselle Charretier.
to carry (H) (règle 24),	porter.
to bring* (J),	apporter.
near (ea=î), close to,	près de (position).
it is a **quar**ter (kouôrteur), past one,	il est une heure et un quart

II. — *Classified usual words.*

A. — THE TOWN (ow=aou)	LA VILLE
building (u nul),	bâtiment, édifice.
castle (cass'l').	château.
town-hall (horl),	hôtel-de-ville.
market-place (plaice),	place du marché.
market-hall,	marché couvert.
inn,	auberge.
eating (ea=î)-house,	restaurant.
coffee-house,	café.
public (D) house,	cabaret.

to lodge,	loger.
to dwell*, to live (D),	demeurer, vivre.
to inhabit (T),	habiter.

B.— THE **RAIL**WAY-STATION (rèlouèstaicheune) — LA GARE

the line (A),	la ligne.
the rail,	le rail.
the platform,	le quai.
the turn (D)-plate (A),	la plaque tournante.
the points (G T),	l'aiguille.
the **shunt**er (cheunn'teur),	l'aiguilleur.
the signals (sighn'eulz),	les signaux.
the **en**gine (inn'djine)-**dri**ver (A),	le mécanicien.

---

56 LE PASSÉ DU VERBE AUXILIAIRE **I shall,**

est employé comme conditionnel:
je devrais, vous devriez, etc.

I should return them at once.
you should not give it to him.
he should have accepted the big one (il **aurait dû...**)
we should buy them cheaper.
you should have sold them (vous auriez dû...).
they should go to London directly.

N. B. — Dans le sens de **devrais,** on peut toujours remplacer **should** par **ought to** (ôrt tou).

Sur la conjugaison des verbes en **y**, voir les **règles 18** et 24.

57 **I should like to,**

je voudrais bien, j'aimerais de...

---

17. — THE STORY OF MISS CARTER

Shall I tell you the story of Miss Carter?

Miss Carter is a very clever young lady, and very devoted to her mother who is a widow.

Mrs. Carter lost last year her husband who was a farmer and she now possesses a large farm in the stables of which are five or six oxen, seventeen cows and a large number of sheep, big and small ones; the latter are called lambs. In the farm-yard you expect to see hundreds of fowls; indeed there are a great number of them.

Miss Carter, having neither a father nor even a brother, is obliged to superintend the farm-house. She is up at a quarter past five every morning and she goes to bed only at about ten in the evening when everybody is in bed.

During the day, Miss Carter is busy with preparing the meals, breakfast, dinner, tea and supper. She sees that the cattle have plenty of food given them and that they go to the watering place in proper time. She, besides all that, mends and repairs the linen and clothes of her (5) mother and her own.

Miss Carter is indeed a very clever girl, is she not?

NOTES. — clever, *adroit, habile.* — young, *jeune.* — lady, *dame.* — devoted, *dévoué.* — lost, participe passé de to lose, *perdre.* — lamb, *agneau.* — the latter, *ces derniers.* — hundred, *cent.* — fowl, *poule.* — indeed, *en vérité.* — to superintend, *diriger.* — up, *levé.* — meal, *repas.* — she sees, *elle s'assure.* — cattle, *bestiaux.* — plenty, *abondance.* — food, *nourriture.* — watering-place, *abreuvoir.* — proper, *convenable.* — own, *propre (à soi).*

EXERCISE SEVENTEEN

To be translated into English:

1. J'apporte le colis de Madame Renard (53). — 2. Tu devrais apporter les boîtes avec le papier à lettres. — 3. Les bœufs ont été vendus hier à une heure. — 4. Vous pourriez acheter les pommes de terre au comptant. — 5. Vous devriez vendre les brosses au détail. — 6. Mlle Chartier a porté (18) les montres chez Jackson. — 7. Nous avons deux grandes boîtes et trois petites. — 8. Achetez un timbre de cinq centimes et un de vingt-cinq. — 9. Il est trois heures et un quart, n'est-ce pas? — 10. Apportez-moi des tasses et des soucoupes. — 11. Vous porterez la facture demain matin. — 12. Vous lui apporterez la lettre sans (30) la lire (25). — 13. Il devrait faire des affaires

avec vous. — 14. Les grands devraient être plus épais (34) que les petits. — 15. Il devrait venir (et) demeurer avec vous. — 16. Quelle heure était-il? Il était à peu près sept heures et un quart.

Give proper answers to the following questions:

1. What is there in Miss Carter's shop?
2. What should he buy of Messrs. Long and C°?
3. What shall you bring him?
4. I ought not to go with him to London, ought I?
5. What time is it exactly?
6. What would you do without your bookkeeper?
7. Ought I not to buy my goods ready money?
8. Should not the big brushes be longer?
9. What time is it by the townhall-clock?
10. It is a quarter past eight, isn't it?
11. Ought not Mr. Fox to deal with me?
12. He should sell the silver spoons, should he not?

Useful expressions:

there's, abréviation familière de there is, *voilà.*
the nearest way, *le chemin le plus court.*
it is quite near, *c'est à deux pas d'ici.*
it is close by, *c'est tout près de là.*
he is a near relation of mine, *c'est un de mes proches parents.*
near your house, *près de chez vous.*

EIGHTEENTH LESSON. — 18e LEÇON

I. — *General vocabulary*

nine tools (E),	neuf outils.
ten **ra**zors (A L),	dix rasoirs.
e**lev**en saws (sorz),	onze scies.
twelve files (A T),	douze limes.
the clerk (e=â),	le commis, l'employé.
answer (w nul),	réponse.
thin (R),	mince.
thin**n**er (dernière syllabe doublée),	plus mince.
flat,	plat.
fla**t**ter,	plus plat.
at half past one,	à une heure et demie.

II. — *Classified usual words*

A. — A FEW PUBLIC BUILDINGS	QUELQUES ÉDIFICES PUBLICS
palace (pal'éss),	palais.
library (laïbreré),	bibliothèque.
hospital (L),	hôpital.
grammar (L) school,	collège.
ele**men**tary school,	école primaire.
court (u nul) of **jus**tice,	palais de justice.

museum (miouzieume),	musée.
church (ch=tch, D),	église.
swimming bath (R),	école de natation.
to teach* (ea=î, ch=tch),	enseigner.
to learn* (ea=u bref D),	apprendre.
to go* to school, to church.	aller à l'école, à l'église.

B. — THE BUSINESS-HOUSE — LA MAISON DE COMMERCE

the **coun**ter (ou=aou),	le comptoir.
the shelf (pl. shelves) (Q),	le rayon.
the books,	les livres.
the **led**ger,	le grand-livre.
the daybook,	le journal.
the letterbook,	le copie de lettres.
the **cop**ying-press,	la presse à copier.
bookkeeping,	la comptabilité (tenue des livres).

---

58 PASSÉ DU VERBE AUXILIAIRE **I will.** — *je voulais*

I would not go with him.
you would carry the thinner ones.
she would not come with Mrs. Fox.
we would answer the letter.
you would come at half past three.
they would not bring the tools.

18. — QUESTIONS AND ANSWERS ABOUT BUSINESS

HEAD. — Have you sent the nine brushes to Mr. Black?
CLERK. — No, sir, not yet; I shall send them to morrow.
H. — Have the ten small files been sent to the watchmaker?
C. — Yes, they have. He probably received them yesterday.
H. — The price-list and samples have been sent to the saddler, I suppose.
C. — No, sir, they have not, but I will let him have them directly.
H. — Are not these saws thinner than the sample?
C. — No, sir, they are, on the contrary, thicker.
H. — The red stuff is narrower than it ought, isn't it?
C. — Yes, sir, it is; but our customer will take it as well.
H. — Isn't it half past one yet?
C. — I beg your pardon, sir; it is only a quarter past.
H. — Have you carried (24) the blue boxes to the bookseller's?
C. — No, but one of our clerks is going to bring them there at once.
H. — Would you go with Mr. Baker to the post-office?
C. — Excuse me, sir, I cannot; I have no time just now.

NOTES. — Head, *chef, patron.* — not yet, *pas encore.* — to let, *laisser, faire.* — our, *notre, nos.* — as well, *quand même.* — to beg, *demander.*

EXERCISE EIGHTEEN

To be translated into English:

1. — Les scies de M. Chartier sont trop minces, n'est-ce pas? — 2. Il a envoyé la lettre trop tard. — 3. La lime est plus mince que l'échantillon, n'est-ce pas? — 4. Nous pouvons vendre les outils à bon marché. — 5. Il n'apportera pas (42) la réponse à temps. — 6. Les rasoirs sont près des limes dans le magasin. — 7. Dans la ville où je demeure, il y a un collège et deux écoles primaires. — 8. Il y avait sur la table deux livres rouges et un bleu. — 9. La réponse a été envoyée à deux heures. — 10. Il logeait dans une auberge près de l'hôtel-de-ville. — 11. Donnez-moi dix-huit scies et douze limes plates. — 12. Donnez-moi aussi une lime longue et une étroite. — 13. Les verres sont plus minces qu'ils (ne) devraient être. — 14. Il a acheté des outils au comptant. — 15. Le commis sera dans la boutique à une heure. — 16. Il viendra à quatre heures et un quart et à quatre heures et demie.

Give proper answers to the following questions:

1. Would you go to Brussels with him?
2. Mr. Carter's saws are of the very best quality, are they not?
3. Have you sent the ten files I ordered?
4. Which are thinner, Mr. Black's saws or Mr. Small's?

5. I may come at three or half past, may I not?
6. Was not the answer sent too late?
7. At what o'clock shall you come to my house?
8. Would you go to the hospital with Mr. Flat's clerk?
9. At what time may Mr. Clark come?
10. Have you received the ordered goods?
11. My letter has been sent too late, hasn't it?
12. Which is thicker, the red cloth or the blue one?

Useful expressions:

here's, abréviation familière de here is, *voici.*
answer at once, *répondez tout de suite.*
in **ques**tions and **ans**wers, *par demandes et par réponses.*
business is flat, *les affaires ne vont pas.*
he flatly refused, *il refusa tout net.*

NINETEENTH LESSON. — 19e LEÇON

I. — *General vocabulary*

thirteen **hamm**ers, — treize marteaux.
fourteen screws (skrouz), — quatorze vis.
fifteen planes (A), — quinze rabots.
sixteen spades (A), — seize bêches.
to under**ta**ke*, — entreprendre.
to call up**on** (korl), — passer chez.
till, — jusqu'à, jusqu'à ce que.
much (26) (D, ch=tch), — beaucoup de (sing.),
many (26) (méné), — beaucoup de (plur.).
if you please (ea=î), — s'il vous plaît.

II. — *Classified usual words*

A. — THE TOWN — LA VILLE

public square (skouère), — place publique.
garden (O). — jardin.
street (P E), — rue.
lane (A), — ruelle.
blind (B) **al**ley, — impasse.
pavement (paiv'meunt), — trottoir.
bridge, — pont.
lamp-post, — réverbère.
gas-works (oueurks), — usine à gaz.
to go* **across**, — traverser.
to take a walk (ouôk), to go for a walk, — se promener, aller se promener.
to stop, — s'arrêter, arrêter.

B. — The factory (H),	La fabrique
the head,	le chef, le patron.
the **fo**reman (L),	le contremaître.
the **work**man (L), (plur. men),	l'ouvrier.
the ma**chin**ery (H),	les machines.
the workshop.	l'atelier.
the **boil**er (G),	la chaudière, le générateur.
the engin**eer** (ine-dji-nîr),	le mécanicien.
the **stoker,**	le chauffeur.

Les partitifs restreints

(Comme suite à la règle 4, noter les n°s 59, 60, 61)

59 Les déterminatifs **some, any, no,** servant à former les mots **somebody, someone, something,** etc., sont soumis aux mêmes règles. Les mots **body, one, thing, where,** etc., sont considérés comme des noms et le mot précédent comme un déterminatif.

60 Le mot **any,** dans les phrases affirmatives, signifie : 1° *n'importe quel* (dét.); 2° *n'importe lequel* (pron.), et en composition 3° *n'importe qui, n'importe quoi,* etc.

Exemples :

1° Give me **any** book, *donne-moi n'importe quel livre.*
2° I shall take **any** of these, *je prendrai n'importe lequel de ceux-ci.*

3° I shall go with **anyone anywhere** and I shall do **anything.** *J'irai avec n'importe qui, n'importe où et je ferai n'importe quoi.*

61 Le pronom partitif **en** ne se traduit pas, lorsque le verbe de la proposition est accompagné d'un mot indiquant un nombre ou une quantité.

Ex. : **J'en** ai quatre, beaucoup, peu. — I have four, many, few.

(Voir aussi la règle 3 sur les partitifs généraux)

---

19. ... OUR WORKSHOP.

In our workshop there are many tools, such as saws, hammers, planes and files. There are also in a well-fitted workshop, some machine-tools, such as a sawing-machine, a planing-machine, a lathe and many others too numerous to be enumerated here.

A sawing-machine is used for sawing wood. A planing-machine is used for planing wood and even metal, and a lathe may be used for turning wood, metal, ivory and other material.

The work that a machine does is often more regular and consequently better than the work done by hand. Much work is nowadays done by machinery.

In our workshop there are sixteen different planes and many big and small saws. The hammers are not so numerous : there are only six or seven. So we can undertake pretty hard work.

To-morrow we are to call upon a tradesman, as some alterations are to be made in his shop and house.

NOTES. — fitted, *monté.* — lathe, *tour.* — numerous, *nombreux.* — to use, *employer.* — even, *même.* — done, part. passé du verbe to do, *faire.* — often, *souvent.* — pretty, *assez.* — hard, *dur, difficile.* — to be to, *devoir, être sur le point de.* — alteration, *changement.* — wood, *bois.* — nowadays, *aujourd'hui, de nos jours.*

EXERCISE NINETEEN

To be translated into English:

1. Avez-vous beaucoup de marteaux? J'en ai quatorze. — 2. M. Renard achètera-t-il beaucoup de rabots? Il en achètera douze. — 3. Il y a quinze bêches et treize scies dans la boutique du sellier (53). — 4. Je passerai chez M. Lebon à six heures et un quart. — 5. Donnez-moi, s'il vous plaît, seize petites vis (en) acier (8). — 6. Donnez-lui quelques petites boîtes rouges. — 7. Veuillez passer chez lui demain matin. — 8. Apportera-t-il beaucoup de café? Sept grandes boîtes. — 9. Portez la cire à cacheter au magasin de M. Lenoir (53). — 10. Il passera chez vous (la) semaine prochaine. — 11. Vous avez passé chez lui hier; mon commis vous a vu (17). — 12. Quelle heure est-il? Il est trois heures et un quart. — 13. Vous passerez chez Mlle Jackson après-demain. — 14. Veuillez en (4) porter au fabricant immédiatement. — 15. Apportez-moi tout de suite des timbres de cinq centimes. — 16. M. Chartier l'apportera chez vous (31) à six heures et un quart.

Give proper answers to the following questions:

1 Have you got many clerks in your firm?
2. You have called upon the funeral undertaker haven't you?
3. At what time shall you call upon me?
4. Have you got much coffee in your shop?
5. Have you got any (4) note-paper to give me?
6. Must I take the tea to the warehouse?
7. Will you give me some small screws?
8. Are there any (4) watchmakers in your village?
9. Have you got any tools to send me?
10. Have you called upon Miss Carter?
11. Shall I call upon Mr. & Mrs. Sunday?
12. Have you got any machine-tools in your workshop?

Useful expressions:

so much the **bett**er for him, *tant mieux pour lui.*
so much the worse for you, *tant pis pour vous.*
to be kept till called for (sur les lettres), *poste restante.*
your father calls you, *votre père vous appelle.*
somebody else, } *quelqu'un d'autre.*
someone else, }

TWENTIETH LESSON (20th)

20e LEÇON.

I. — *General and commercial vocabulary*

bill,	note (d'hôtel, petite facture)
bill of ex**change**,	lettre de change.
draft,	traite.
promissory note,	billet à ordre.
bank,	banque.
banker,	banquier.
banknote,	billet de banque.
to rely (rilaï) upon,	compter sur.
to charge (ch=tch, g=dj),	faire payer.
brown (ow=aou),	brun.
grey,	gris.
un**til** **furth**er (feurzeur, S), orders,	jusqu'à nouvel ordre.

II. — *Classified usual words*

A. — BREAD (ea=é)	LE PAIN
a loaf (F),	un pain.
crumb (D, b nul),	mie.
crust (D),	croûte.
flour (ou=aou),	farine.
home-made bread,	pain de ménage.
new bread,	pain frais.
stale (stèl) bread,	pain rassis.
ginger (g=dj) bread,	pain d'épice.
slice (A),	tranche.

cake (A),	gâteau.
to eat* (ea=î),	manger.
to toast (F),	griller, faire griller.
to bake (A) bread,	cuire du pain.

B. — GROCERY	EPICERIE
salt (sôrlt),	sel.
pepper (L),	poivre.
nutmeg (D),	muscade.
vinegar (vine-igheur),	vinaigre.
candle (cann' d'l'),	bougie.
chicory (ch=tch),	chicorée.
cinnamon (L),	cannelle.
clove (A),	girofle.

---

62 REMARQUES SUR QUELQUES PRÉPOSITIONS

au, à l' avec idée de mouvement, se traduisent par **to the.**
à la, aux sans idée de mouvement, se traduisent par **at the.**

de (préposition), se traduit par **of.**

de (avec idée de départ, provenance), se rend par **from.**

63 **à** ou **en,** devant les noms de pays, de capitales, ou de grandes villes

se traduisent { avec idée de mouvement par **to.**
sans idée de mouvement par **in.** }

Remember rules 28 and 29, which see

20. — BANK AFFAIRS

Let us suppose you have bought some goods and that you have no money to pay for them, or that you simply will not, for some reason or other, pay for them with money. You may pay for these goods without any money at all; at least, at present. What are you to do then? A very simple thing : you take a sheet of stamped paper and you write on it a promise to pay in one month's time or more, and you give it to your creditor instead of money. That paper is called a *promissory note.*

If your creditor, by means of a like piece of stamped paper, invites you to pay, that paper is then called a *draft.* He draws upon you.

Those bills of exchange, promissory notes or drafts, are sometimes made payable at a bank, which is the counting-house of a banker.

A banker is a man who is constantly busy with money-affairs. He will pay you in banknotes or in cash. A banker charges his customers a certain percentage to get their bills paid when due. He pays you an interest of 2, 3, 4, 5 % (per cent) or more, if you deposit money in his bank.

NOTES. — Any, *aucun.* — at all, *du tout.* — at least, *au moins.* — creditor, *créancier.* — instead, *au lieu.* — like, *pareil.* — to draw, *tirer.* — counting-house, *bureau.* — cash, *espèces.* — their, *leur, leurs.* — when due, *à l'échéance.* — busy, *occupé.*

EXERCISE TWENTY (tou-enn'té).

To be translated into English:

1. Vous pouvez compter sur eux; ils viendront bientôt (27). — 2. Comptez sur moi pour les limes et les marteaux. — 3. Le billet de banque fut envoyé de Paris. — 4. Le banquier a envoyé les billets à ordre. — 5. Avez-vous renvoyé la traite? Oui (j'ai). — 6. Je garderai la soie jusqu'à nouvel ordre. — 7. Le compte ne sera pas envoyé en ce moment. — 8. Vous pouvez (50) compter sur moi pour vendredi prochain. — 9. Il a envoyé les billets de banque dans une lettre. — 10. La traite a été retournée avec la facture. — 11. La soie grise n'était-elle pas trop étroite? Non. — 12. Les (3) bijoutiers vendent des cuillers d'argent (8). — 13. Les horlogers font et vendent des montres. — 14. Il achète des pommes de terre en gros et les vend au détail. — 15. L'armoire a été ouverte lundi dernier par le commis de M. Renard. — 16. Vous ne devez pas compter sur lui; il ne viendra pas.

Give proper answers to the following questions:

1. Shall you charge me much?
2. The draft was sent from Paris, wasn't it?
3. Who will call upon me to-morrow?
4. May I rely upon your watchmaker?
5. Is not the green silk too narrow?
6. Who makes watches and clocks?

7. May I rely upon you for the spades?
8. Can jewellers make jewels?
9. When shall (51) your tailor call upon Mr. Bridge?
10. Shall you (20) charge Mrs. Lane for the cake?
11. Must I rely upon my banker?
12. The bread was not stale, was it?

Useful expressions:

far from it, *loin de là, tant s'en faut.*
from time to time, *de temps en temps.*
from that time, *depuis cette époque-là, depuis lors.*
you may rely upon it, *vous pouvez y compter.*

TWENTY-FIRST LESSON (21st). — 21e LEÇON

I. — *General and commercial vocabulary*

sender (D),	envoyeur, expéditeur.
seller,	vendeur.
buyer (A, u nul),	acheteur.
agent (A, g=dj),	représentant (de commerce)
London (o=u bref D),	Londres.
England (ine glennd),	l'Angleterre.
to hand,	remettre.
to send (D),	envoyer.
young (ou=u bref D),	jeune.
old (C.),	vieux, âgé.
thank (R) you, sir (seur),	merci, monsieur.

II. — *Classified usual words*

A. — MEAT (ea=î)	LA VIANDE
beefsteak (E, ea=é),	bifteck.
roastbeef (F E),	rosbif.
ham,	jambon.
mutton (D L) chop (ch-=tch),	côtelette de mouton.
veal (vîl)-**cutl**et (D),	côtelette de veau.
leg of mutton,	gigot (de mouton).
pork; **ba**con (AL),	porc frais; lard.
sausage (soss'idj).	saucisse.

tripe (A),	tripes.
lard (T),	saindoux.
to carve,	découper (à table).
to roast (F),	rôtir, faire rôtir.

B. — **LIQ**UID (M) FOOD (E) — ALIMENTS LIQUIDES

soup,	potage.
milksop,	soupe au lait.
broth (R.),	bouillon.
pea (ea=î)-soup,	soupe aux pois.
bread-soup,	panade.
pap, **porr**idge,	bouillie.
cream (ea=î),	crème.
whey (I, h aspiré),	petit lait.

---

64 du, de l', de la, des

Ces mots, lorsqu'ils établissent un rapport 1° entre un verbe neutre et un nom, 2° entre un nom et un autre nom, se traduisent par **of the** ou **from the** (v. n° 62).

N.- B. — Ne pas confondre les mots ci-dessus formés d'une préposition et d'un article, avec les déterminatifs partitifs dont il est question à la règle 4.

21. — DOING BUSINESS

A merchant, if he wants to do good business, must have some agents. If he deals with a foreign country, England, for example, it is better for him to have agents in London and in some of the chief towns of the United Kingdom.

His agents are buyers or sellers. If they buy goods on his account, and send them to him, they are called buyers. If they sell his goods, they are called sellers.

These agents must be relied (24) upon for their honesty and exactness and they must also be able business-men. They send by post or telegraph their orders to the head of the firm, and the latter gives orders to his clerks, and the goods are directly forwarded to the foreign customers.

I know a wool-merchant who has got three or four wool-buyers in Australia and many wool-sellers all over Europe.

A wool-buyer's business, if he is an honest man and an able trader, is a very profitable one.

NOTES. — foreign, *étranger*. — chief, *principal*. — these, *ces, ceux-ci, celles-ci*. — all over, *dans toute*. — business-man, *commerçant*.

EXERCISE TWENTY-ONE

To be translated into English:

1. Je vous remets avec la présente (leç. 9) la facture. — 2. Le représentant de M. Petit a envoyé les marchandises.

— 3. L'expéditeur vous enverra les rabots demain. — 4. Je vous remercie, Monsieur, et je compte sur vous. — 5. Le représentant du fabricant est à Dublin. — 6. Je l'ai envoyé à Londres (28) la semaine dernière. — 7. Les acheteurs de M. Jackson sont en Angleterre. — 8. Le vendeur vous remettra la traite de M. Boulanger. — 9. Vous pouvez (50) compter sur l'expéditeur. — 10. J'ai envoyé des (4) traites au vendeur. — 66. Le banquier a fait faillite l'année dernière. — 12. Le marchand de nouveautés ne fera pas faillite. — 13. Je lui ai remis (17) les traites hier. — 14. L'acheteur recevra demain une lettre de M. Marchand. — 15. M. Chartier a passé (17) chez le représentant avant-hier. — 16. J'ai reçu les traites de Londres la semaine dernière.

Give proper answers to the following questions:

1. Have you handed my banker your draft?
2. Your banker has not sent my draft to London, has he?
3. Will your buyer come to-morrow?
4. Where is the manufacturer's agent?
5. I must soon go to England, must I not?
6. Is Mr. Fox's clerk in France or in England?
7. You have received the brushes from London, haven't you?
8. Ought I not to go to Berlin at once?

9. You have handed the drafts to your banker, I suppose...
10. Will not Mr. Brown take the cakes?
11. Where are Mr. Grey's buyers just now?
12. The buyer and his agent are in Paris, are they not?

Useful expressions:

properly, *comme il faut, convenablement.*
it is not proper, *ce n'est pas convenable.*
once more, *encore une fois.*
no more, *pas davantage, pas plus, ne... pas plus.*
more and more, *de plus en plus.*
nothing more, *rien de plus.*
something more, *encore quelque chose.*
some more, *encore un peu, un peu plus.*
nor I **eith**er, *ni moi non plus.*

TWENTY-SECOND LESSON (22nd).

22e LEÇON

I. — *General and commercial vocabulary*

loss (6),	perte.
profit (D),	profit.
re**ceipt** (ricîte),	réception.
carriage (voiture).	port (d'un colis, etc.).
A**meri**ca (ameur'ika),	l'Amérique.
to acknowledge (w nul) (the receipt),	accuser (réception).
to pre**pay,**	affranchir.
how (haou) much...,	combien de (sing.).
how many...,	combien de (plur.).
not yet (T),	ne... pas encore.
it is **t**welve (o'clock),	il est midi.

II. — *Classified usual words*

A. — Some **VEG**etables (vedj iteub'l'z)	Quelques légumes
onion (o=u bref D),	Oignon.
carrot (L),	carotte.
turnip (teurnip),	navet.
green peas (ee, ea=î),	des petits pois.
beans (ea=î),	des haricots.
cauli**flow**er (kôliflaou-eur),	chou-fleur.
cabbage (age=idj),	chou.
leek (E),	poireau.
lettuce (u=i),	laitue.
to pick,	éplucher.

to **scrape** (A),	ratisser.
to **pare** (A),	peler.

B.— SOME MORE VEGETABLES	ENCORE QUELQUES LÉGUMES
parsley,	persil.
celery (H),	céleri.
thyme (R A),	thym.
purslain (peursline),	pourpier.
chervil (tcheurvil),	cerfeuil.
scallion (L),	ciboule.
garlic,	ail.
hyssop,	hysope.

---

65 DÉTERMINATIFS POSSESSIFS

Première personne

Sing. mon, ma, mes, **my** (A).
Plur. notre, nos **our** (aou-'r).

---

66 INDICATIF PRÉSENT

1re pers. singul. et plur., 2e et 3e pers. pluriel

Interrogation : **do** (dou) **you sell?** *vendez-vous?*
Négation : **you do not buy,** *vous n'achetez pas.*

REMARQUE. — Si le verbe *français* est auxiliaire en anglais, ces tournures se forment au moyen de ce verbe, sans l'auxiliaire **do.** *Ex.* : *devez-vous venir?* **must you come?**

22. — A BIT OF CONVERSATION

Between the head of a firm and one of his clerks.

HEAD. — Have you acknowledged the receipt of Mr. Carter's letter?

CLERK. — Yes, sir, I have, directly after we received it.

H. — How much do you pay for the carriage of such a parcel?

C. — I do not know exactly. It may be about five shillings.

H. — How many agents have Messrs. White and C° in America?

C. — I could not tell you. I suppose they have at least a hundred.

H. — Do our sellers do good business just now?

C. — They do, sir; we received large orders from them yesterday.

H. — Do you call upon Mr. Black everyday?

C. — I do, sir, but he is never at home.

H. — Could you tell me what time it is exactly?

C. — I can, sir: by my watch it is exactly five minutes past ten.

H. — How many clerks has Mr. Brown in his counting-house?

C. — I think he has about twenty.

H. — Is it true that Mr. Jackson failed last week?

C. — No, sir, it is not; Mr. Jackson is doing very good business indeed.

H. — Do you make any profit on this article?

C. — No. sir. I think we rather lose on it; but the best is to get rid of it as soon as possible.

NOTES. — a bit, *un bout.* — such a, *un tel.* — shilling, *schelling* (1 fr. 25). — I will, *je veux, je vais.* — true, *vrai.* — to think, *penser.* — to get rid, *se débarrasser.*

EXERCISE TWENTY-TWO

To be translated into English:

1. Il accuse réception de mes lettres. — 2. J'ai accusé réception du colis de M. Bonnemaison. — 3. Notre lettre n'a pas été envoyée en temps utile. — 4. L'envoyez-vous (11) immédiatement par train de petite vitesse? — 5. Quelle heure est-il? Il est midi et demi. — 6. Allez-vous en Amérique? Oui, avec mon représentant. — 7. Combien d'acheteurs ont-ils en Angleterre? — Deux ou trois. — 8. Nous avons beaucoup de laine en ce moment. — 9. Notre représentant lui a remis la facture. — 10. L'Amérique lui envoie beaucoup d'outils. — 11. Veuillez accuser réception de ma lettre du 22 — 12. Nos deux traites ont été acceptées, n'est-ce pas? — 13. L'acheteur a retourné notre lettre sans l'ouvrir. — 14. Irons-nous à Londres demain avec M. Chartier? — 15. Votre banquier a reçu les traites hier matin. — 16. Vous devriez allez à Birmingham la semaine prochaine.

Give proper answers to the following questions:

1. How much coffee do you sell Mr. Black?
2. Do you send any (4) tools to England?
3. You acknowledge the receipt of his letter, do you not?
4. Shall you go to America this year?
5. Do Messrs. Brown and C° buy any goods in England?
6. How much do you charge me for the small brush?
7. You sell much tea to the Americans, don't you?
8. My draft has been accepted, has it not?
9. You send many tools to England, don't you?
10. You have many buyers in France, haven't you?
11. How much shall you charge for the spade?
12. Your agents will go to America this year, won't they?

Useful expressions:

I can't, *abréviation familière de* I cannot.
do, *je vous en prie.*
don't, *ne le faites pas, n'en faites rien.*
I am at a loss, *je n'y comprends rien.*
they are at a loss what to do, *ils ne savent plus que faire.*
profit and loss account, *compte de profits et pertes.*

TWENTY-THIRD LESSON (23rd)

23e LEÇON

I. — *General and commercial vocabulary*

bill of **la**ding (laidigne),	connaissement.
way-bill,	lettre de voiture.
re**mitt**ance (L),	remise (d'argent).
firm (feurm),	raison sociale.
Germany (djeurmené),	l'Allemagne.
to **ans**wer (w nul),	répondre à.
to try (24) (A),	tâcher, essayer.
too much,	trop de... (sing.).
too many,	trop de... (plur.).
p. t. o. (please turn over),	t. s. v. p. (tournez, s'il vous plaît).
it is ten minutes past two,	il est deux heures dix.

II. — *Classified usual words*

A. — GAME	LE GIBIER
hare (A),	lièvre.
roebuck (rôbeuk D),	chevreuil.
partridge,	perdrix.
woodcock (L),	bécasse.
snipe (A),	bécassine.
grouse (ou=aou),	coq de bruyère.
quail (kouèl),	caille.
pheasant (ea=é, L),	faisan.
to kill,	tuer.
to flay,	écorcher.
to pluck (D),	plumer.

B. — THE **COUN**TRY (o nul)	LA CAMPAGNE
the plain (plène),	la plaine.
the valley,	la vallée.
the hill,	la colline.
the **hill**ock (L),	le monticule.
the **moun**tain (maoun't'n),	la montagne.
the brook (E),	le ruisseau.
the stream (ea=î),	le cours d'eau.
the way (I),	le chemin.

---

67 DÉTERMINATIFS POSSESSIFS

Deuxième personne

sing. ton, ta tes,
plur. votre, vos, **your** (13).

---

68 INDICATIF PRÉSENT

3e personne du singulier

interrogation : **does** (deuz, D) **he answer?** *répond-il?*
négation : **he does not write,** *il n'écrit pas.*

(Voir la remarque de la leçon 22)

N. B. — L'interrogation avec **who** ne prend pas d'auxiliaire. *Ex. : qui vend du sucre?* who sells sugar?

Whom (complément) prend l'auxiliaire.

Ex.: whom do you see? *qui voyez-vous?*

23. — FORWARDING GOODS

When some goods have been bought, the next thing to do is to send them to their owner, that is to say to the person who purchased them. In one word, they must be *delivered*. When the goods have been chosen by the customer and gathered together by the shopman, the clerk has to write out the invoice which is sometimes sent by post, sometimes joined to the parcel. The goods are now transferred to the packing-room where they are carefully packed to avoid their being damaged on the way. Sometimes a *way-bill* is written out and handed to the carrier.

When the goods are to be forwarded by sea, a document called *bill of lading* (en abrégé B/L) is signed by the captain of the ship acknowledging the receipt of the goods with their quantity, weight and so on. The bill of lading mentions also the place the goods must be taken to within a certain number of days, and mentions likewise the sum of money that the captain will receive after the goods have been duly delivered into the hands of the receiver.

You see that sending goods abroad is rather a complicated concern.

NOTES. — owner, *possesseur*. — to purchase, *acheter*. — chosen, *choisi*. — to gather together, *réunir*. — to write out, *rédiger*. — packing, *emballage*. — carefully, *soigneusement*. — to avoid, *éviter*. — to damage, *avarier*. — on the way, *pendant le transport*. — carrier, *messager, roulier*. — Sea, *mer*. ... weight, *poids*. — place, *endroit* — taken, *transporté*. — within, *dans l'espace de*. — likewise, *également* — concern, *affaire*.

EXERCISE TWENTY-THREE

To be translated into English:

1. Envoyez le connaissement chez moi (31) demain. — 2. Votre teneur de livres vient-il d'Allemagne? — 3. Non, il vient d'Amérique où il était libraire. — 4. La lettre de voiture a été envoyée hier, n'est-ce pas? — 5. Il est huit heures vingt; votre commis est en retard. — 6. Je tâcherai d'envoyer la traite à votre banquier demain matin. — 7. Il a trop de représentants en Angleterre. — 8. Il y a trop de coton dans l'étoffe; le voyez-vous? — 9. L'Allemagne lui envoie-t-elle beaucoup de gibier? — 10. L'expéditeur a envoyé les légumes à M. Lebrun. — 11. Mes profits ont été plus petits que l'an dernier. — 12. Envoyez-lui un timbre de vingt-cinq centimes dans votre lettre. — 13. Mes représentants passeront chez vous prochainement.— 14. Répond-il à vos lettres par retour du courrier? — 15. Il me fait payer trop; je ne fais aucun (4) profit. — 16. A-t-il répondu à notre lettre d'hier?

Give proper answers to the following questions:

1. You answer his letters regularly, don't you?
2. Does he come from England?
3. Do they answer your letters?
4. Does America send Germany many tools?
5. Does not your banker charge you too much?

6. What time is it by your watch?
7. Is there any (4) cotton in the stuff?
8. You'll try to see him, won't you?
9. Do you answer his letters by return of post?
10. Messrs. Hare & C° have too many agents, have they not?
11. He sends you a stamp in his letters, does he not?
12. Does America send many machine-tools over to Europe?

Useful expressions:

you shouldn't, *abréviation pour* you should not.
I don't (dônn't), *abréviation pour* I do not.
it is much of the same thing, *c'est à peu près la même chose.*
I make much of him, *j'ai beaucoup d'amitié pour lui.*
he makes much of his time, *il emploie bien son temps.*
I told you so many a time, *je vous l'ai dit bien des fois.*

24th LESSON. — 24e LEÇON

I. — *General and commercial vocabulary*

price,	prix.
payment (L),	paiement.
bearer (ea=é),	porteur.
postman (pôstmeun) (pl. postmen),	facteur.
Spain (spaine),	l'Espagne.
Italy (H),	l'Italie.
to owe (ô),	devoir (de l'argent, etc.).
to pay for,	payer (un objet qu'on achète).
often (27) (t nul),	souvent.
never (27),	ne... jamais.
en**clo**sed (énnklozd),	ci-inclus.
sit down (ow=aou),	asseyez-vous.

II. — *Classified usual words*

A. — Fish (Q)	Le poisson
carp (O),	carpe.
pike (A),	brochet.
sole (A),	sole.
trout (ou=aou),	truite.
eel (E),	anguille.
skate (A),	raie.
mackerel (makreul),	maquereau.
whiting (hou-aï-tigne),	merlan.
herring,	hareng.
to broil (G),	griller, faire griller.
to stuff (D),	farcir.
to angle (énn'g'l'),	pêcher (à la ligne).

B. — The river (D) — **La rivière**

the bridge,	le **pont.**
the **wa**ter (ouôteur) side (A)	le **bord de l'eau.**
the sluice (ui=iou),	**l'écluse.**
the swing-bridge,	le **pont tournant.**
the sus**pen**sion (seuspénn-cheune)-**bridge,**	le **pont** suspendu.
the **bot**tom (L),	le fond.
up the stream,	en amont.
down the stream,	en aval.

---

69 Déterminatifs possessifs

Troisième personne

sing. son, sa, ses : **his** (à lui, 5). — **her** (à elle, 5) (heur). — **its** (neutre).
plur. leur, leurs : **their** (pour les trois genres).

---

70 Ordre des mots

Indicatif présent avec un nom-sujet et un pronom-sujet

does **not** the postman come? *le facteur ne vient-il pas?*
do you **not** deal in books? *ne faites-vous pas le commerce de livres?*

Remarquez que la négation **not** change de place.

24. — A CONVERSATION IN A SHOP

CUSTOMER (opens the door and enters the shop). — Good morning.

SHOPMANN (coming up to him). — Good day, sir. Is anyone waiting on you?

C. — No, not yet; I should like to see some cloth.

S. — Directly, sir; will you, please, come this way.

C. — Most willingly.

S. — What sort of cloth would you like to see?

C. — I want some black cloth.

S. — May I ask you whether it is for a complete suit?

C. — Yes, it is. I should not like inferior qualities.

S. — Very good, sir; I will show you the best quality we have in our warehouse.

C. — I should not like this : it is rather too glossy.

S. — We have a splendid choice and you will certainly find something to your liking.

C. — This is not glossy; I like it better.

S. — I will show you something still finer... What do you think of this splendid cloth, sir?

C. — I say it is very nice indeed, and just what I want.

S. — How many yards do you want me to cut?

C. — I think that three yards will be enough, don't you?

S. — I don't, sir; you are very tall, and half a yard more or less is not of much consequence, I suppose, is it?

C. — You are quite right and I thank you. I'll take three yards and a half. How much is it a yard?

S. — This cloth costs seven shillings and sixpence a yard.
C. — It is rather dear, but I must confess that the stuff is splendid.
S. — I told you it was, sir. Where shall I send the parcel to?
C. — Here is my card. (Hands a visiting card).
S. — Thank you, sir, and I wish you a good day, sir. *(Exit Customer)*.

NOTES. — to come up to, *s'approcher de.* — to wait on, *servir.* — This way, *de ce côté, par ici* — most, *très.* — to ask, *demander.* — suit, *vêtement.* — glossy, *lustré.* — to find, *trouver.* — liking, *goût.* — to show, *montrer.* — nice, *beau.* — what, *ce que.* — yard, *mètre anglais* (0.91 cent.). — enough, *suffisant.* — tall, *grand.* — to be right, *avoir raison.* — less, *moins.*— to wish, *souhaiter.*— exit (mot latin), *sort.*

EXERCISE TWENTY-FOUR

To be translated into English:

1. Votre frère ne vient-il pas d'Espagne (29)? — Non, il vient d'Italie où il était employé dans une banque. — 3. Sous ce pli, je vous envoie le connaissement. — 4. Il me doit beaucoup d'argent et ne me paie pas. — 5. Madame Renard doit lui envoyer son représentant. — 6. M. Chartier ne paiera-t-il pas le poisson qu'il a acheté? — 7. Votre acheteur vient-il souvent chez vous? — 8. Veuillez vous asseoir, monsieur. — 9. Vos prix sont trop élevés (leç. 12) pour moi. — 10. Son représentant apportera une lettre pour vous. — 11. Le facteur vient-il à trois heures? — 12.

Non, il vient à quatre heures et demie. — 13. Ses limes viennent d'Italie ou d'Espagne. — 14. Ses prix ne sont pas trop élevés, n'est-ce pas? — 15. Il ne vient jamais (27) en Angleterre. — 16. Payez le livre et le papier à lettres; je les achète.

Give proper answers to the following questions:

1. Your traveller comes from Italy, does he not?
2. Does he not often come to France?
3. How much do you owe to your jeweller?
4. Does not your postman come four times a day?
5. Where do these files come from?
6. Do you pay for this note-paper or shall I?
7. Do your agents sometimes go to England?
8. You deal in books, don't you?
9. His travellers come from England, do they not?
10. He comes at four, doesn't he?
11. Does Mr. Hare often go to Spain?
12. Mr. Carter often goes to your house, doesn't he?

Useful expressions:

I didn't, *abréviation* de I did not.
shouldn't you? *abréviation de* should you not?
pay attention! *faites attention!*
sit by me, *asseyez-vous près de moi.*
at a low price, *à bas prix.*
under price, *à vil prix.*
under cost price, *au-dessous du prix coûtant.*

TWENTY-FIFTH LESSON

I. — *General and commercial vocabulary*

registered (redjisteur'd) letter,	lettre recommandée.
post-**off**ice order,	mandat de poste.
postage (pôstedje),	port (de lettre).
postage-stamp,	timbre-poste.
Russia (reucha),	la Russie.
Prussia (preucha),	la Prusse.
to **bor**row from... (29),	emprunter à.
to suit (sioute),	convenir à.
per**haps** (27),	peut-être.
always (orlouèz),	toujours.
at sight (saïte),	à vue.
it is **twen**ty minutes (min'itss) to three,	il est trois heures moins vingt.

II. — *Classified usual words*

A. — FRUIT (ui=ou)	LES FRUITS
apple (ap'l'),	pomme.
pear (ea=è),	poire.
peach (pîtch),	pêche.
apricot (èprikote),	abricot.
grapes (touj. plur.) (A),	raisin.
plum (D),	prune.
walnut (ou-orlneute),	noix.
hazelnut (hèz'lneute),	noisette.
strawberry (6) (strôbéré),	fraise.
raspberry (p nul),	framboise.
to peel (E),	peler.
to crack (a nut),	casser (une noix).
to **gath**er (S),	cueillir.

B. — Some flowers | Quelques fleurs

rose (A),	rose.
mignonette,	réséda.
forget-me-not,	myosotis.
pink (K),	œillet.
pansy (6) (pa'nncé),	pensée.
violet (vaïolett'),	violette.
daisy (6),	pâquerette
tulip (tioulip),	tulipe.

---

71 Pronoms possessifs

Première personne

le mien, les miens, la mienne, les miennes,	**mine** (A).	le nôtre, les nôtres, la nôtre, les nôtres,	**ours** (aou'rz).

---

72 Pour former le *passé* dans les phrases interrogatives et négatives, remplacer, dans tous les cas, les auxiliaires **do** et **does** du présent par l'auxiliaire **did** du passé (v. nos 66, 68, 70).

Remarque. — Les verbes au futur et au conditionnel se conjuguent *interrogativement* et *négativement* avec l'auxiliaire qui leur est propre (V. n° 20), l'ordre des mots indiqué aux numéros 66, 68, 70 restant le même.

25. — A CONVERSATION AT THE POST-OFFICE

TRAVALLER. — (Showing a business-card). Have you any letters « poste restante » to this address?

CLERK. — (After a while). — No, sir, there's not any.

T. — I want some stamps.

C. — How many, please, sir?

T. — Give me twenty penny stamps.

C. — Any halfpenny ones?...

T. — I'll take ten halpenny ones too. Thank you.

C. — That is... two shillings and six pence.

T. — Wait half a minute... I want something else. Please, let me have a post-office-order (en abrégé P. O. O.) for £ 3 ten to this address.

C. — Here you are, sir.

T. — Now, I wish this letter to be registered.

C. — It'll be done in a minute...

T. — Now, I want to send these letters and samples to Russia.

C. — Very well, sir. It amounts in all to £ 3.15.

T. — Take what I owe you out of that banknote and give me the change. Will you be so kind as to tell me what is the time of the next collection?

C. — The collection of the entrance-door letter-box will take place in a quarter of an hour. For abroad, you have half an hour more.

T. — I thank you very much. Good day, sir (Traveller goes out.)

NOTES. — a while, *un instant.* — here you are (fam.), *tenez, voici (pour vous).* — kind, *bon, obligeant.* — it amounts to, *cela fait.* — change, *monnaie.* — collection, *levée.* — entrance, *entrée.* — to take place, *avoir lieu.* — out, *dehors.* — else, *autre.*

EXERCISE 25

To be translated into English:

1. Le facteur a une lettre recommandée pour vous. — 2. Les timbres-poste n'étaient pas dans ta lettre. — 3. Il m'emprunta de l'(4) argent avant-hier. — 4. Le raisin me convient; je l'achète. — 5. Il emprunta de l'argent à son représentant. — 6. Il est sept heures moins cinq; ne partez pas encore. — Vous aurez peut-être (27) la lettre à temps. — 8. J'ai reçu votre lettre et il a reçu la mienne. — 9. Les miens sont souvent trop épais et trop longs. — 10. Je vous enverrai demain un mandat de poste. — 11. Les fruits doivent être envoyés après-demain. — 12. Votre toile ne fait pas mon affaire. — 13. Elle (11) ne fera pas l'affaire de mes clients. — 14. Je vous enverrai les miens demain soir. — 15. Il paiera à vue votre traite et la nôtre. — 16. Il m'a emprunté beaucoup d'argent et il ne me l'a jamais rendu (leç. 1).

Give proper answers to the following questions:

1. How much did you pay for this file?
2. Were the stamps in his letter?
3. The white silk suits you, does it not?
4. Shall I send you mine to-morrow?
5. You borrowed money from him, did you not?
6. About what time was it when he came?
7. Shall (40) you pay the draft at sight?
8. Did the hammers suit your customers?
9. Did Mr. Partridge borrow any money from you?
10. Were there any stamps in his letters?
11. Did the files suit you?
12. Mr. Small will pay for the saws, will he not?

Useful expressions:

you'll, *abréviation de* you shall, you will.
at first sight, *à première vue.*
out of sight, *hors de vue..*
a bill payable at sight, *un effet payable à vue.*
I know him by sight, *je le connais de vue.*
I have lost sight of him, *je l'ai perdu de vue.*

26th LESSON

I. — *General and commercial vocabulary*

information (ineformécheu-ne) (touj. sing.),	renseignements.
delivery (H),	livraison.
establishment (L),	établissement.
terms (e=u bref D),	conditions.
to travel (L),	voyager.
to post (C),	mettre à la poste.
clean (ea=î),	propre.
dirty (deurtè),	sale.
as (az) much... as... (26),	autant de (sing.) que...
as many... as...,	autant de (plur.) que...
probably (27),	probablement.
(as a matter) of course (kors'),	cela va sans dire.

II. — *Classified usual words*

A. — Some drinks	Quelques boissons
water,	eau.
wine (A),	vin.
beer (E), ale (A),	bière.
stout (ou=aou, T),	bière noire.
milk,	lait.
a cup (D) of tea,	une tasse de thé.
coffee.	café.
lemonade (lémonède),	limonade.
to drink* (K),	boire.
to sweeten (souît'n),	sucrer.
to sip,	siroter.

B. — **DAINT**IES (dai-ntiz)	LES FRIANDISES
lollipop.	du nanan (lang. enfant).
sweets (E T),	des bonbons.
sweetmeats,	des sucreries.
chocolate-cream (ch=tch),	du chocolat à la crème.
barley (O)-sugar,	du sucre d'orge.
toffy (H),	caramels mous.
drops (T),	des pastilles.
jam (j=dj).	de la confiture.

---

73 PRONOMS POSSESSIFS

Deuxième personne

le tien,	le vôtre,	**yours** (13)
les tiens,	les vôtres,	
la tienne,	la vôtre,	
les tiennes,	les vôtres,	

---

74 Le comparatif d'égalité avec *négation*

***il n'est** pas aussi **vieux** que moi.*
he his **not so** old as I.
*je **n'ai** pas autant de **livres** que **de** cahiers.*
I have **not so many** books as copybooks.

26. — TRAVELLING

Formerly we had for travelling only carriages at our disposal. Walking or travelling on foot was much practised in the olden times. Horseback travelling came next, but could be in use only among well-to do people. There remained carriage-travelling, but even rich people could not always afford to have a carriage and pair. Soon the steam-engine made its appearance in the world and we had shortly after trains running on rails. Railway-travelling is nowadays very convenient and within everybody's means. Just think! you can go one mile in a railway-carriage for one penny. Isn't it very cheap? For long distances it is still cheaper.

Besides trains, there are also tramways which have been invented by an American gentleman called Outram. The *way* of Mr. Outram finally became *tramway*. We must not forget, among the means of locomotion, the cycle which has lately been much patronized by every class of society. Motorcars I shall only mention, as they are still, as yet, the privilege of a few. Besides, these machines cost very, very dear, and get out of order without warning.

Notes. — carriage, *voiture*. — olden, *vieux, passé*. — horseback, *à cheval*. — use, *usage*. — to afford, *avoir le moyen de*. — and pair, *à deux chevaux*. — steam-engine, *machine à vapeur*. — world, *monde*. — to run, *courir, circuler*. — within, *à portée de*. — means, *moyens*. — became, passé de to become, *devenir*. — to forget, *oublier*. — to patronize, *encourager*. — motorcar, *automobile*. — as yet, *jusqu'à présent.* — a few, *peu (de gens).* — to get out of order, *se détraquer.* — to warn, *avertir.*

EXERCISE TWENTY-SIX

To be translated into English:

1. Les renseignements n'ont pas été bons, n'est-ce pas?— 2. Vos conditions seront acceptées, cela va sans dire. — 3. Voulez (52)-vous boire ce vin, cette bière ou cette limonade? — 4. Il a autant de limes que de rabots. — 5. Vous n'avez pas autant de vin que de bière. — 6. Vos conditions ne me conviennent pas; je ne les accepte pas. — 7. Veuillez répondre à la lettre de M. Chartier et à la mienne. — 8. Mettez mes lettres à la poste avec les vôtres. — 9. Vos marteaux sont trop gros; je les renvoie. — 10. Je ne puis accepter les conditions de M. Lenoir; elles ne me conviennent pas. — 11. Les vôtres seront toujours (27) avec les miennes dans le colis. — 12. Il a mis vos lettres à la poste avec les miennes. — 13. Il viendra pour voir ma marchandise et la vôtre. — 14. Il n'a pas reçu la lettre de voiture à temps. — 15. Il a probablement reçu vos colis et les miens. — 16. Le velours ne me convenait pas; je ne l'ai pas acheté (17).

Give proper answers to the following qüestions:

1. Has the information been good?
2. He will come to see the goods, will he not?

3. Can he not accept their terms?
4. You posted my letters with yours, did you not?
5. Will Mr. Green's terms be accepted?
6. My stout is as good as yours, isn't it?
7. Will my saws be with his in the parcel?
8. You can accept his terms and mine, can't you?
9. The hammers are much too big, aren't they?
10. Has Mr. Black as much coffee as tea?
11. Did the black velvet suit your customers?
12. Did Mr. Green receive the red wine from Bordeaux?

Useful expressions:

as soon as **poss**ible, *aussitôt que possible.*
as often as you (**poss**ibly) can, *aussi souvent que vous pourrez.*
I tell you that for your infor**ma**tion (for your government), *je vous le dis pour votre gouverne.*
he is a man of great information, *c'est un homme très instruit.*
I am on good terms with him, *je suis très bien avec lui.*

27th LESSON

I. — *General and commercial vocabulary*

the **amount** (ou=aou),	le montant.
the sum (D),	la somme.
the **cheq**ue (ch=tch),	le chèque.
the **pock**et-book,	le carnet (de poche).
Sweden (souid'n),	la Suède.
to lend* (D),	prêter.
to find* (B),	trouver.
open (ôp'n),	ouvert (adj.).
shut (cheut),	fermé.
sometimes (27) (summ'-taïmz),	quelquefois.
your (es**tee**med **fa**vor (fai-veur) of the...	votre honorée du...
per bookpost,	sous bande.
free of charge,	exempt de tous frais.

II. — *Classified usual words*

A. — LIGHT (laïte)	LA LUMIÈRE
a box of matches (6) (T),	une boîte d'allumettes.
candle (ka'nd'l),	bougie.
pe**tro**leum,	pétrole.
oil-lamp,	lampe à huile.
candlestick,	chandelier.
flat candlestick,	bougeoir.
gas-**pend**ant (pé-ndunt),	suspension à gaz.
elec**tric** lamp.	lampe électrique.
lamp-shade (chèd'),	abat-jour.
to light,	allumer.
to turn off (the gas),	éteindre (le gaz).
to light (with gas),	éclairer (au gaz).

B. — **LIGH**TING	L'ÉCLAIRAGE
candle-light,	l'éclairage à la bougie.
el**ec**tric light,	l'éclairage électrique.
gaslight,	l'éclairage au gaz.
a gas-**lighter** (L),	un allumoir (pour le gaz).
a night-light,	une veilleuse.
a glow (w nul)-lamp,	une lampe à incandescence.
an arc-lamp,	une lampe à arc.
a **tall**ow (w nul)-candle,	une chandelle de suif.

---

75 PRONOMS POSSESSIFS

Troisième personne

le sien, les siens, la sienne, les siennes	(à lui) **his,** (à elle) **hers** (heurz).

---

76 Les verbes réguliers monosyllabes, tels que **to stop,** terminés par une seule consonne, doublent cette consonne, si on ajoute une terminaison.

Ex. : **to stop** (arrêter), **stopped, stopping.**

1re REMARQUE. — Même règle pour les dissyllabes ayant l'accent sur la dernière. *Exemple :* **to prefer', preferr'ed, preferr'ing.**

2° Remarque. — Les noms venant de verbes subissent une règle analogue. *Exemple :* **to run,** *courir,* **runner,** *coureur,* et aussi **running,** courant.

---

27. — QUESTIONS AND ANSWERS ABOUT BUSINESS

Head. — Did Mr. Fox pay the whole amount of his invoice?

Clerk. — No, sir, he did not. He said he would pay the rest next week.

H. — What sum did you receive from him?

C. — I only received £ 5 out of the twenty-five he owes.

H. — Were not the pocket-books too small?

C. — Yes, sir, they were too small and too thin, and Mr. Freeman refused to accept them.

H. — When vas Mr. Baker's parcel opened?

C. — It was opened this morning and we did not find any watch in it.

H. — Have you already written to him on the subject?

C. — No, sir, not yet; I shall do so to-morrow morning.

H. — Will this silk-stuff suit our customers?

C. — I don't think it will, sir; the pattern is too showy.

H. — Can't you get another pattern?

C. — Yes, I can. Mr. Wood's traveller showed me a very pretty one yesterday.

H. — Do you think you could get it in time to show it to Mrs. Small before her departure?

C. — I cannot tell you, sir, I'll do my best to get it in time.

H. — Well, Mr. Carter, I quite rely upon you for this affair.

C. — Thank you, sir, I can assure you that everything will go on all right.

NOTES. — out of, *sur*.— pattern, *dessin*.— showy, *criard*, — to go on, *se passer*. — all right, *convenablement*.

EXERCISE TWENTY-SEVEN

1. N'a-t-il pas reçu (72) le montant de sa facture? — 2. Je vous prêterai la somme jeudi prochain. — 3. Les carnets de poche n'étaient-ils pas trop petits et trop minces? — 4. J'ai reçu votre honorée du 27 juin. — 5. Je l'enverrai sous bande demain matin. — 6. Je lui prête quelquefois de l'(3)argent. — 7. Je lui ai souvent donné un peu d'(4)-argent. — 8. Vous trouvez que les prix sont trop élevés, n'est-ce pas? — 9. J'ai mon carnet de chèques (8) dans ma poche. — 10. Envoyez-moi le livre bleu par retour du courrier. — 11. Apportez-moi vos livres et les siens chez moi (31). — 12. Empruntez la somme à votre banquier. — 13. Il me doit quelquefois beaucoup d'argent. — 14. Ne pourriez-vous pas me prêter cinq livres sterling (vers. 27)? — 15. Je pourrais passer chez ses représentants et chez les miens. — 16. Il trouvera le chèque chez M. Levert à deux heures et demie.

Give proper answers to the following questions:

1. When shall you lend me that money?
2. Did you receive my letter of the 27th of June?
3. You could call upon him and me, could you not?
4. Did he not borrow the sum from his banker?
5. Did you answer Mr. Carter's letter in time?
6. Do you owe him **any** money?
7. Did he sometimes borrow money from you?
8. The candlesticks are too small, are they not?
9. When shall you lend him your planes?
10. Did he ever owe you any money?
11. When will Mr. Price lend you his carriage?
12. You got your cheque in time, did you not?

Useful expressions:

what else?... *quoi encore, quoi d'autre?...*
to the amount of £ 500, *jusqu'à concurrence de 500 livres sterling.*
what is the amount of your invoice? *à combien s'élève votre facture?*
what does his bill amount to? *à combien se monte sa note?*
it amounts to the same thing, *cela revient au même.*

TWENTY-EIGHTH LESSON

I. — *General and commercial vocabulary*

creditor (L),	créancier.
debtor (b nul, L),	débiteur.
partner (L),	associé.
changer (tché-ndjeur),	changeur.
cash**ier** (ie=î),	caissier.
to shut*,	fermer.
to sup**ply** (seuplaï) with (24)	fournir, livrer.
to **hon**our (honeur) (a draft),	faire bon accueil (à une traite);
a**gain** (eughaine),	encore, de nouveau.
still,	encore (idée de continuation).
yours **very** **tru**ly (troulé),	votre tout dévoué.
furnished (feurnicht) a**part**ments to be let,	appartements garnis à louer.
no **thor**oughfare (sorofère R)	passage interdit.

II. — *Classified usual words*

A. — **FU**EL (fiou-eul)	LE COMBUSTIBLE
wood-fire,	feu de bois.
coal-fire (F),	feu de charbon.
coke (A),	coke.
log (D),	bûche.
petroleum-stove,	fourneau à pétrole.
poker,	tisonnier.
flame (A),	flamme.
ashes (touj. plur.) (ach'euz),	cendre.
smoke (A),	fumée.
to heat (ea=î),	chauffer.

to burn* (D),	brûler.
to poke (A),	tisonner.

B. — THE EARTH (ea=u bref D)	LA TERRE
the pole (A),	le pôle.
the me**ri**dian (L),	le méridien.
the **tem**perate (té-mp'rète) zone,	la zone tempérée.
the **frig**id zone (g=dj),	la zone glaciale.
the **torr**id zone,	la zone torride.
a **cont**inent (L),	un continent.
an **i**sland (aïl'und'),	une île.
a pe**nin**sula (pé-nine-choula)	une presqu'île.
the Cape (A) of Good-Hope,	le Cap de Bonne-Espérance.

---

77 PRONOMS POSSESSIFS

Troisième personne (*suite*)

le leur,
les leurs,
la leur,
les leurs, } (à eux ou à elles) **theirs.**

---

78 VERBES FORMÉS DE **to get** (got, got) ET D'UN **adverbe**

to get **away,** *s'éloigner, s'en aller* (*rapidement*).
to get back, *revenir, retourner, reculer.*
to get down, *descendre* (*vivement*).

to get in, *entrer (vivement).*
to get off, *se sauver, décamper, filer.*
to get out, *sortir (rapidement).*
to get up, *se lever (de son lit).*

N. B. — Les verbes composés de **to get** indiquent une action *rapide, vive,* même *brutale.*

Avec **to go** au lieu de **to get,** on obtient le même sens, mais alors l'allure est naturelle, plus lente.

28.— A BUSINESS-LETTER. — SENDING A PRICE-LIST

Birmingham, the 25th of November1917.

To Mr. Porter, 49, Oxford Street, London.

Dear Sir,

We have the pleasure of sending you by this post our new illustrated catalogue of brushes. You will find therein prices for brushes of every description. Our tooth-brushes, as you will observe, run from 2/ to 8/6 a dozen.

Among the lowest class articles sold by us, the " London Warranted " represents a good strong brush with three nows, and this we can supply you with at the exceptional rate of 2/6 a dozen.

We are sure that if you give us a trial order and compare our goods with those you may have hitherto purchased from other firms, the lowness of our prices will induce you to favour us with your regular orders.

If you will make a choice, we shall be happy to

furnish you with samples of any articles mentioned in our catalogue.

We remain, Dear Sir,

Yours very truly,

CHAS, BLACK and C°.

NOTES. — therein, *y, là(-dedans)*. — Description, *genre*. — to run, *courir, aller*. — 2/, *lisez* two shillings. — 8/6, *lisez* eight (shillings) and six (pence). — the lowest, *le plus bas, inférieur*. — warranted, *garanti*. — row, *rangée*. — rate, *prix, taux*. — trial, *essai*. — hitherto, *jusqu'ici*. — lowness, *modicité*. — happy, *heureux*.

EXERCISE 28

1. Je suis, monsieur, votre tout dévoué. — 2. Mon associé vous prêta-t-il de l'argent? Oui, quelquefois. — 3. Il m'envoya les miens par retour du courrier. — 4. Veuillez faire bon accueil à ma traite et à la sienne. — Je le verrai de nouveau demain chez lui. — 6. Vos créanciers vous trouveront immédiatement. — 7. Le colis fut envoyé franco au changeur. — 8. Je vous enverrai demain chez mon commis et vous le paierez. — 9. Vous n'avez pas remis la traite à mon banquier. — 10. Mon caissier vous paiera demain le montant de votre facture. — 11. Vos conditions ne conviennent pas à son associé. — 12. Envoyez les échantillons franco par la poste. — 13. Les marchandises seront toujours envoyées franco. — 14. Mon commis vous prêtera le sien et le mien. — 15. Prêtez-moi votre voiture jusqu'à la semaine prochaine. — 16. Je paierai les miens et les vôtres et il me donnera un reçu.

Give proper answers to the following questions:

1. Did my partner hand you the money?
2. Will your cashier pay me to-morrow?
3. When shall you see him again?
4. Did he hand his banker my draft?
5. Could you supply me with the spades to-day?
6. You must send the samples post-free, must you not?
7. Can you supply me with the petroleum stoves?
8. Did not the changer charge me too much?
9. How will the goods be sent?
10. When shall he pay those men?
11. What must I bring?
12. You will see them again to-day, shall you not?

Useful expressions:

who else? *qui d'autre? qui encore?*
he called his creditors to**geth**er, *il convoqua ses créanciers.*
I am only a **sleep**ing partner, *je ne suis qu'associé-commanditaire.*
I have hired a furnished apartment, *j'ai loué un appartement meublé.*
he is the **man**aging-partner, *c'est lui qui est l'associé-gérant.*

29th LESSON

I. — *General vocabulary*

railway,	chemin de fer.
railway-**sta**tion,	gare, station.
cloakroom (F),	consigne.
ticket,	billet.
booking-office,	bureau des billets.
to ask for,	demander (quelque chose pour l'avoir).
to use (A),	se servir de.
where (houère, U),	où.
somewhere,	quelque part.
a**gai**nst,	contre.
round (raound),	autour de.
the ten o'clock train,	le train de dix heures.

II. — *Classified usual words*

A. — Wood (E)	Le bois
oak (F),	chêne.
fir (feur),	sapin.
pitchpine (pitchpaïne),	sapin rouge.
ash (Q),	frêne.
hornbeam (ea=î),	charme.
ma**hog**any (H),	acajou.
walnut,	noyer.
deal (ea=î),	bois blanc.
timber (timebeur),	bois de charpente.
to saw (sor, O),	scier.
to plane (A),	raboter.
to paint (pai-nte),	peindre.
to **var**nish (Q,	vernir.

B. — **WEAP**ONS (ea=é, L) LES ARMES

sabre (sèb'r),	sabre.
sword (w nul),	épée.
dagger (gg=gh),	poignard.
cross-bow (w nul),	arbalète.
arrow (w nul),	flèche.
pistol (L),	pistolet.
re**vol**ver,	revolver.
gun (D),	fusil, canon.

---

79 DÉMONSTRATIFS

Déterminatifs :			*Pronoms :*
ce, cet, cette	(objets rapprochés)	= **this** (S)	ce, ceci
	(objets éloignés)	= **that**	ce, cela
ces,	(objets rapprochés)	= **these**	ceux-là, celles-là.
	(objets éloignés)	= **those**	ceux-ci, celles-ci.

N. B. — Les mots *ci et là*, qui accompagnent parfois les déterminatifs et les pronoms démonstratifs ne se traduisent pas. *Celui-là* (le premier) et *celui-ci* (ce dernier) se disent **the former, the latter.**

---

80 **Ce qui, ce que** se traduisent par **what** signifiant *la chose que.*

Ce qui, ce que se traduisent par **which** signifiant *laquelle chose.*

Exemples :

Faites **ce qui** *est bien,* do **what** is right.
Faites **ce que** *je vous dis,* do **what** I tell you.

Il vola, **ce qui** *est défendu par la loi,* He stole, **which is** forbidden by law.
Il rendit l'argent, **ce que** *je fus heureux d'apprendre,* he gave back the money, **which** I was glad to know.

LES AUTRES NOMBRES

40, forty; 50, fifty; 60, sixty; 70, seventy; 80, eighty
90, ninety; 100, hundred; 101, hundred and one
1.000, thousand

---

29. — TWO COMMERCIAL TRAVELLERS MEET AND HAVE A TALK

ROBINSON. — Whom do I see there? Isn't it my good and dear friend Smith?
SMITH. — Himself, my dear Robinson. How do you do?
R. — Quite well, I thank you. And yourself?...
S. — I am enjoying a splendid health.
R. — And what are you doing in this part of the country?
S. — I came here on business.
R. — How is business going on?
S. — Very satisfactorily, thank you. I made a very good speculation this morning.
R. — Indeed! What did you do?
S. — I sold five hundred bags of coffee with a profit of sixpence on each.

R. — That's very good business, indeed! You know how to make money, I see.
S. — And you? Are you still in the wine trade?
R. — Yes, wine is still my line of business. But wines are not easy to be sold just now.
S. — Why not!
R. — The prices are too high and I find buyers with great difficulty.
S. — I thought the vintage had been very good this year...
R. — Indeed, it has: but you know, that does not signify...
S. — Now, my dear Robinson, I must say good bye (they shake hands).
R. — Good bye, old fellow!

NOTES. — talk, *causerie.* — to meet, (*se*) *rencontrer.* — to do, *se porter.* — to enjoy, *jouir de.* — health, *santé.* — bag, *balle.* — country, *pays.* — each, *chacun.* — line, *genre.* — thought, passé et participe passé de to think, *penser.* — vintage, *vendange.* — does not signify, *ne signifie rien.* — good bye, *au revoir.* — old fellow, *mon vieux.*

EXERCISE 29

To be translated into English:

1. Allez à la consigne avec mon commis. — 2. Prenez vos billets et les nôtres sur-le-champ. — 3. Le bureau des billets sera ouvert à quatre heures vingt. — 4. Demandez un billet pour Londres via Boulogne. — 5. Je vais à la con-

signe; où est-elle? — 6. Où est la gare? Elle est près de la banque. — 7. Je prendrai le train de midi vingt à Birmingham. — 8. Mon associé prendra le train de neuf heures moins dix .— 9. Le train est quelquefois une heure (hour) en retard. — 10. Ce colis-là sera à la gare de Paddington demain matin. — 11. Cette gare-ci n'est pas toujours propre; vous le voyez. — 12. Où est le bureau des billets? Il est près de la consigne. — 13. Prenez le train de huit heures et demie à la gare de Charing-Cross. — 14. Je me sers de mon fourneau au pétrole et du vôtre. — 15. Ils ont vos billets et les leurs dans leur carnet. — 16. Il se servira de ce marteau et du sien.

Give proper answers to the following questions:

1. I shall go to the cloakroom with you, shall I not?
2. Is not our train one hour late?
3. What did you ask for from the booking-office man?
4. Where is the booking-office?
5. Shall (51) he take your tickets and his?
6. You will take the five minutes to nine train, shall you not?
7. What did the station-master tell you?
8. What train shall you take?
9. May you use my return-ticket?
10. Could you tell me where the booking-office is?
11. Shall you varnish that mahogany wardrobe?
12. Have you used your second-class return-ticket?

Useful expressions:

that will do, *cela fera l'affaire, cela suffit.*
that won't do, *cela ne suffit pas, ne fera pas l'affaire.*
nowhere, not anywhere, *nulle part.*
anywhere, *n'importe où.*
they are at daggers (drawn), *ils sont à couteaux tirés.*

THIRTIETH (ir=eur) LESSON

I. — *General vocabulary*

station-master,	chef de gare.
porter,	homme d'équipe.
in**qui**ry (ine-kouaï-ré)-office,	bureau de renseignements.
re**fresh**ment-room	buffet, buvette.
waiting-room,	salle d'attente.
luggage (leughidj) (touj. sing.),	bagage(s).
time-table,	indicateur.
(news) **pa**per,	journal.
to lose* (o=ou),	perdre, manquer (le train).
to drop a line (laïne),	écrire un mot.
to ap**ply** (eupplaï) to,	s'adresser à.
(a) little (lit'l'),	(un) peu de (sing.).
few; a few (ew=iou),	peu de (plur.) quelques, quelques-uns.

II. — *Classified usual words*

A. — A FEW PRO**FESS**IONS (profécheun')	QUELQUES MÉTIERS
butcher (u=ou),	boucher.
brewer (ew=ou),	brasseur.
hatter,	chapelier.
shoemaker (oe=ou),	cordonnier.
hosier (si=j),	bonnetier.
outfitter,	marchand de confections.
pastrycook (pèstrékouk),	pâtissier.
joiner (djoïn'r),	menuisier.
chemist (ch=k),	pharmacien.
to **car**ry on (a trade),	exercer (un métier).
to sell* on **cred**it (T),	vendre à crédit.
to work (oueurk),	travailler.

B. — A few usual tools	Quelques outils ordinaires
chisel (ch=tch),	ciseau.
mallet,	maillet.
screw**dri**ver (skroudra-iv'r)	tournevis.
a pair of **pin**cers (K),	des tenailles.
an **axe** (D),	une hache.
an adze,	une hachette.
brace (A),	vilbrequin.
gimlet (g dur),	vrille.

---

81 Pronoms démonstratifs suivis de DE

Celui de, celle de, se traduisent par **that of.**
Ceux de, celles de, se traduisent par **those of.**

Remarque I. — *That of* et *those of* peuvent se remplacer et se remplacent souvent par *'s* placés après le nom. *Ex. : celui de mon associé,* my partner's.

Remarque II. — Le pronom démonstratif suivi de **qui, que** se rend par le pronom personnel. *Ex. : celui qui,* **he who, she who** (sujet); **him** (compl.) **who, her who, him whom,** etc., etc.

---

82 Autres verbes formés de to get

to get angry,	se fâcher.
— as**leep,**	s'endormir.
— be**fore,**	prendre la place de (à l'école, etc.).
— **bet**ter,	aller mieux (santé).
— drunk,	s'enivrer.
— **for**ward,	s'avancer.
— hold of,	empoigner, saisir.
— on,	avancer, progresser.

to get over,	surmonter, vaincre.
— pale,	pâlir.
— ready,	(s')apprêter.
— red,	rougir.
— rid of,	se débarrasser de.
— through,	traverser.
— together,	rassembler.
— used to,	s'habituer à.
— well,	se guérir.
— well again,	se rétablir.

30. — TRAVELLING BY RAIL

Shall I tell you a few words about railways and railway-travelling in England?

The line is made of long rails placed one at the end of the other and fixed on very thick pieces of wood by means of very strong bolts. On the line there is a train composed of a locomotive steam-engine and tender attended to by an engine-driver and a stoker. Next to the engine come a certain number of carriages of different classes : first for well-to do people, third for the poor or thrifty, and second for the intermediate sort of travellers. All these carriages are large, high, clean and well-lighted.

After the carriages for passengers, there comes at the end of the train a kind of large van called luggage-van in which the passengers'boxes and trunks (also called luggage) are placed after being simply labelled, but not registered as it is done in France.

Along the line you may see a building with a glass-roof; that is the railway-station. It comprises the booking-office where tickets are sold to the public, the waiting-, cloak- and refreshment-rooms, and also the station-master's office and dwelling.

NOTES. — end, *bout*. — bolt, *boulon*. — to attend to, *s'occuper de*. — engine-driver, *mécanicien*. — stoker, *chauffeur*. — thrifty, *besogneux*. — poor, *pauvre*. — high, *haut*. — lighted, *éclairé*. — passenger, *voyageur*. — trunk, *malle*. — to label, *étiqueter*. — along, *le long de*. — glass-roof, *toit en verre, marquise*. — dwelling, *habitation*.

EXERCISE THIRTY

To be translated into English:

1. J'écrirai au chef de gare de Birmingham (8). — 2. M. Lebrun est au bureau de renseignements. — 3. Le buffet n'est-il pas ouvert en ce moment? — 4. Ecrivez-moi un mot par retour du courrier. — 5. Vous adressez-vous à lui pour le paiement? Oui. — 6. Vous devez vous adresser à son associé pour obtenir (leç. 9) une réponse. — 7. L'homme d'équipe m'apportera mon bagage. — 8. Demandez un indicateur et un carnet et payez-les. — 9. Je vous enverrai un mot demain matin. — 10. Je les envoie à quelques-uns de mes clients de Londres (8). — 11. Il faut (47) vous adresser à votre chapelier. — 12. M. Lefort a peu de bagage aujourd'hui. — 13. Je me servirai de votre billet de retour. — 14. Les salles d'attente dans cette gare sont petites et sales. — 15. J'ai votre billet et celui de M. Jackson. — 16. Le bureau de renseignements sera ouvert à quatre heures et demie.

Give proper answers to the following questions:

1. Shall you not write to the Derby station-master?
2. Is not the refreshment-room open just now?
3. Did you not lose your train last night?
4. You have not got much luggage to-day, have you?
5. To whom must I apply for a time-table?
6. Shall he drop you a line directly after his arrival?
7. Is Mr. Brewer in the waiting-room just now?
8. To whom should travellers apply for information?
9. Will the inquiry-office be soon open?
10. Must not Mr. Butcher wait for you?
11. Have you got a paper about you?
12. Are these our tickets or yours?

Useful expressions:

shan't you? *abréviation de* shall you not?
now and then, *de temps en temps.*
I dropped his ac**quain**tance, *j'ai cessé d'avoir des relations avec lui.*
let us drop the **sub**ject, *n'en parlons plus.*
he **drop**ped a parcel at my door, *il déposa un paquet chez moi.*

THIRTY-FIRST LESSON

I. — *General and commercial vocabulary*

post-**off**ice,	bureau de poste.
letter-box (6),	boîte aux lettres.
post-card (T),	carte postale.
a stamped **en**velope (e nuls),	une enveloppe timbrée.
bill, **post**er (D),	affiche.
bill-**stick**er (D),	colleur d'affiches.
to pack up (D),	emballer.
to un**pack**,	déballer.
pretty well,	assez bien.
enough* (in**euf'**),	assez (suffisamment).
quite (kouaïte),	tout à fait.
stick no bills,	défense d'afficher.
per bookpost,	comme papiers d'affaires.

*Se place après le nom, le verbe, l'adjectif ou l'adverbe.

II. — *Classified usual words*

A. — SOME MORE TRADES (A)	ENCORE QUELQUES PROFESSIONS
fruiterer (frout'reur),	fruitier.
milkman,	laitier.
green**gro**cer,	marchand de légumes.
fishmonger (fichmunn'gheur),	marchand de poisson.
poulterer (ou=ô),	marchand de volaille.
game-**dea**ler (ea=î),	marchand de gibier.
coal-(F)-dealer	marchand de charbon.
ironmonger,	quincaillier.
hair-**dress**er,	coiffeur.
to buy* on **cred**it,	acheter à crédit.
to **bar**gain (L),	marchander.
to want (ouonn't),	avoir besoin de.

B. — MACHINE-TOOLS	LES MACHINES-OUTILS
boring-machine,	machine à percer.
lathe (A R),	tour.
planing-machine,	raboteuse.
milling-machine,	fraiseuse.
shearing-machine (ea=î),	cisaille.
band-saw (ba'nndsor),	scie à ruban.
moulding-machine (ou=ô),	machine à moulurer.
circular (seur'kiouleur) saw,	scie circulaire.

---

83 MODÈLE D'UN VERBE RÉFLÉCHI

to wash (ouôche) **one's self**, *se laver*

I wash	myself,	*je me lave.*
you wash	yourself,	*tu te laves, vous vous lavez.*
he wash**es**	himself,	*il se lave.*
we wash	ourselves,	*nous nous lavons.*
you wash	yourselves,	*vous vous lavez.*
they wash	themselves,	*ils se lavent.*

---

84 ORDRE DES COMPLÉMENTS

I. Le complément le plus court vient le premier.

he gives me a book.

II. Si le complément indirect vient le premier, il n'est pas accompagné de la préposition **to.**

he gives the boy a book.

III. Si le complément indirect vient le second, il est accompagné de la préposition **to.**

he gives a book to the boy.

---

31. — A BUSINESS-LETTER INQUIRING ABOUT CONSIGNED GOODS

Birmingham, 16th of May 1916.

To Mr. Long, 17, Southampton Street, London.

Dear Sir,

About eight mouths ago, in answer to your rather pressing demand, I consigned to you twelve boxes of chocolate to dispose of to my best advantage.

Since that time I have received no news whatever from you on the subject, which surprises me very much.

I trust that, by return of post, you will inform me of the cause of your long silence, and give me hopes of a rapid conclusion of this affair which has already too long remained in suspense.

I am, dear Sir.

Very truly yours,

JOHN CARTER.

NOTES. — to inquire, *s'informer*. — to consign, *consigner, donner en consignation*. — ago, *il y a*. — to dispose of, *vendre*. — news, *nouvelle*. — whatever, *quelconque*. — which, *ce qui*. — to trust, *espérer*. — hope, *espoir*.

EXERCISE 31

To be translated into English:

1. Allez à la poste avec l'homme d'équipe. — 2. Achetez-moi une carte postale et du papier à lettres. — 3. Apportez-moi quelques enveloppes timbrées. — 4. Emballez ces livres-ci avec les miens. — 5. Envoyez-le au quincaillier comme papiers d'affaires. — 6. Ecrivez-nous un mot après-demain. — 7. Demandez-lui d'emballer les rasoirs lui-même. — 8. Les outils sont assez bien emballés cette fois-ci. — 9. Vous pouvez déballer les marchandises. — 10. Vous pouvez vous procurer des enveloppes timbrées à un demi-penny. — 11. Vous êtes-vous adressé à un colleur d'affiches. — 17. Il y a une boîte aux lettres dans la salle d'attente. — 13. Vous devez déballer ces limes tout de suite; nous en avons besoin. — 14. Vous pouvez en ce moment lire sur le mur de la ruelle : défense d'afficher; passage interdit. — 15. Le bureau de poste est près de la gare. — 16. Vous pouvez en demander un au bureau des billets.

Give proper answers to the following questions:

1. Where is the post and telegraph-office?
2. Shall you pack up the books or shall I?
3. You sell stamped envelopes, dont'you?
4. Shall the porter take your luggage to your hôtel?
5. Shall I send this small parcel to Mr. Green?
6. Have you any furnished apartments to be let?
7. Where is the railway-station refreshment-room?
8. May I send the B/L per bookpost?
9. Shall I get a time-table from the bookstall?
10. What will Mr. Brown do now?
11. May he go to the money-changer's?
12. Do you sell illustrated post-cards?

Useful expressions:

as yet, *jusqu'ici, jusqu'à ce jour.*
not in the least, *pas le moins du monde.*
hand-bills, *prospectus* (qu'on distribue dans les rues).
bills are posted every where, *on a apposé des affiches partout.*
here is the bill of fare, *voici le menu, la carte.*

32nd LESSON

I. — *General and commercial vocabulary*

telegraph-office,	bureau télégraphique.
telegram,	télégramme.
telephone,	téléphone.
telegraph wire (ouaïeur),	fil télégraphique.
number of words,	nombre de mots.
to wire,	télégraphier.
to adver**ti**se (adveurtaïz),	mettre une annonce.
an **E**nglish (ine-glich) **gent**leman (g=dj),	un monsieur anglais.
five per (peur) cent (5 per 0/0),	cinq pour cent (5 0/0).
new,	neuf, nouveau.
second hand,	d'occasion.
no **smo**king a**llow**ed (eull-aoud),	défense de fumer.

II. — *Classified usual words*

A. — **CLOTH**ING	LE VÊTEMENT
suit (ui=iou) of clothes (klôz),	vêtement complet.
a pair of **trow**sers (traou-zeuz),	un pantalon.
waistcoat (ouest-kôte),	gilet.
coat,	vêtement (habit).
great (grét) coat, overcoat,	pardessus.
dress-coat,	habit (de cérémonie).
frock-coat,	redingote.
jacket (j=dj),	veston.
riding-coat (raï-dign),	habit pour monter à cheval.
sleeve (E),	manche.

to dress (one's self), — s'habiller, habiller.
to un**dress** (one's self), — se déshabiller.
to wear* (ouère), — porter (des vêtements).

B. — NEEDLE-WORK — LA COUTURE

a seam (sîme), — une couture.
a **seam**stress (semm'stress), — une couturière.
a **butt**on (D)-hole (A), — une boutonnière.
a hem (hémm), — un ourlet.
darning wool, — de la laine à repriser.
a thimble (sime-b'l, R), — un dé.
a needle (nîd'l'), — une aiguille.
a pin (K), — une épingle.

---

85 MODÈLE D'UN VERBE RÉCIPROQUE

to help each other (îtcheuzeur, S),
s'aider (l'un, l'autre).

nous nous aidons vous vous aidez, ils s'aident.

Parlant de deux personnes :	*Parlant de plus de deux personnes :*
we help each other.	we help one another.
you help each other.	you help one another.
they help each other.	they help one another.

---

86 VERBES COMPOSÉS

to pick up, *ramasser*

La partie adverbiale (up) se place **avant** le com-

plément direct-nom, mais **après** le complément direct-pronom.
pick **up** the book, *ramasser le livre.*
pick it **up,** *ramassez-le.*

Autres verbes composés

to find, *trouver.* — to find out, *découvrir.*
to give, *donner.* — to give back, *rendre, restituer.*
to keep, *garder.* — to keep in, *mettre en retenue.*
to take, *prendre.* — to take away, *emporter.*

(Voir les autres adverbes de ce genre au n° 78)

---

32. — HOW TIME IS MEASURED

The great division of time is past, present and future. But this would not be sufficient even in ordinary circumstances. Time must be precisely measured. Some people think that time passes away very slowly; others that it goes very quick. We should spend our time carefully and not waste or trifle it away. Time is money, as the English say.

Alfred, the most celebrated of Saxon Kings, thought, one of the first, of dividing the time of day, and this he did by means of a tallow candle. Nowadays we cannot be satisfied with such a paltry chronometer.

We can see a clock of any kind in every man's house, either rich or poor. Almost every school-boy has got a pocket-clock which is called a watch. Watches are so cheap that you can get one that can go for a few shillings. Silver and gold watches may cost several pounds. Very cheap watches are made of nickel or steel.

Between Alfred's candle and the watches of our days, there has been something else which I must mention :

sundials, sand-glasses and water-clocks which were used by the Greeks and Romans.

NOTES. — great, *grand.* — to pass away, *s'écouler.* — to spend, *dépenser, passer.* — to waste, *perdre.* — to trifle away, *gaspiller.* — king, *roi.* — by means of, *au moyen de,* — tallow, *suif.* — paltry, *misérable.* — clock, *horloge.* — either... or..., *ou..., ou...* — several, *plusieurs.* — pound, *livre* (25 fr.). — sun, *soleil.* — dial, *cadran.* — sand-glass *sablier.* — water-clock, *clepsydre.*

EXERCISE 32

To be translated into English:

1. Le bureau télégraphique est près de la gare, n'est-ce pas? — 2. Envoyez-leur un télégramme à Dublin et à Oxford. — 3. Vous m'enverrez une dépêche aussitôt que possible. — 4. Il a reçu les traites de son représentant de Derby (8). — 5. Répondez-moi par téléphone. — 6. J'ai mis une annonce dans le *Télégraphe.* — 7. Ce monsieur s'est adressé (17-24) à mon associé. — 8. Vous avez un trop grand nombre de mots. — 9. On peut lire dans les gares anglaises : défense de fumer dans les salles d'attente. — 10. Télégraphiez-moi votre réponse demain matin. — 11. Vous devriez mettre une annonce dans un journal. — 12. Le vieux monsieur ne répondit pas tout de suite. — 13. Il répondra prochainement à votre lettre. — 14. Vous répondrez à sa lettre la semaine prochaine, n'est-ce pas? — 15. Veuillez envoyer le pardessus à mon bureau. — 16. Vous ne devriez pas acheter de vêtements d'occasion.

Give proper answers to the following questions:

1. Where is the inquiry-office, if you please?
2. Is smoking allowed in the railway-carriages?
3. Why did you go to his office?
4. He should advertise in the *Daily News*, should he not?
5. How many words are there in your telegram?
6. When shall you answer his to-day's letter?
7. Why has not the boy dressed himself?
8. Were there not too many words in your dispatch?
9. May not advertising be a profitable thing?
10. How and when shall you send back this parcel?
11. When will your banker wire me his answer?
12. Smoking is not allowed in the waiting-rooms, is it?

Useful expressions:

a smoking-carriage, *un wagon de fumeurs.*
there's no smoke without fire, *il n'y a pas de fumée sans feu*
he is no gentleman, *ce n'est pas un homme comme il faut.*
adver**ti**sing is ex**pen**sive, *les annonces coûtent cher.*
the sale was adver**ti**sed, *on a annoncé la vente (par la voie des journaux).*

33rd LESSON

I. — *General and commercial vocabulary*

manager (g=dj),	administrateur, directeur.
forwarding (forouerdign') agent (A, g=dj),	commissionnaire-expéditeur
business (bizness) - friend (frénnd),	commissionnaire-
tradesman (trèdzmunn) (pl. men),	correspondant.
to thank for (R),	remercier de.
to re**fu**se (rifiouz),	refuser.
every (évré),	chaque, tous les.
everything (R),	tout (chaque chose).
there (zère, S),	là, y.
here (hîr),	ici.
seldom (27) (L),	rarement.
from this day,	à partir d'aujourd'hui.

II. — *Classified usual words*

A. — UNDERCLOTHING	LES VÊTEMENTS DE DESSOUS
shirt (cheurt),	chemise.
a pair of drawers,	un caleçon.
flannel vest,	gilet de flanelle.
stocking,	bas.

sock,	chaussette.
shirt-front (frunnt),	devant de chemise.
jersey (djeurzé),	chandail.
lining (laïning),	doublure.
my **lin**en (D),	mon linge.
to sew* (sô),	coudre.
to mend (D),	réparer, raccommoder.
to wear*out,	user (détruire par l'usage).
to wash,	blanchir (laver le linge).

B. — VIRTUES (veurt'iouz)	LES VERTUS
duty (dioutć),	le devoir.
goodness, **kind**ness (kaïnd-ness).	la bonté.
de**vo**tedness,	le dévouement.
po**li**teness (polaït'ness),	la politesse.
punctu**a**lity (tu=tiou),	l'exactitude.
cleanliness (ea=î),	la propreté.
o**be**dience (obidiunnce),	l'obéissance.
patience (pêchunnce),	la patience.

---

87 L'IMPARFAIT D'HABITUDE

(Action du verbe répétée, habituelle)

*Ex. : Quand j'étais en Angleterre, j'***écrivais** *à mes parents chaque semaine.*

When I was in England, I **used to write** to my parents every week.

33. — A BUSINESS-LETTER. — SENDING SAMPLES AND THANKING FOR AN ORDER

98, Charing-Cross Road, London, 4th of December 1916.

To Mr. Baker, Wholesale Grocer, Oxford.

Dear Sir,

In answer to your letter of the 30th of last month, we herewith send you some samples of rice and sugar.

The order which you were so kind as to favour us with, is entered into our books, according to your desire. We shall be able to forward you the goods on Thursday next. With regards to the terms of payment, we are willing to accept the proposal made in your last letter.

We thank you for having procured the payment of our bill of £ 88.10s. on J. Jackson of your town, and we shall always be happy to oblige you in return.

Awaiting your further orders,

We are, dear Sir,

Your obedient servants,

Master, LION and C°.

NOTES. — according to, *selon.* — with regards to, *en ce qui concerne.* — proposal, *proposition.* — to await, *attendre.*

EXERCISE 33

To be translated into English:

1. L'administrateur du chemin de fer (8) est ici; l'avez-vous vu (72)? — 2. Votre associé est rarement à (dans) son bureau. — 3. Ils viennent pour déballer le gibier eux-mêmes. — 4. Nous refusons de faire des affaires avec lui. — 5. Tout sera bientôt emballé et expédié. — 6 Vous ne pouvez pas refuser de prendre les chemises. — 7. Je vous remercie de votre lettre du 8 mai. — 8. Mon jeune associé sera ici demain. — 9. Je la vois quelquefois (27) à la gare des marchandises. — 10. Vous les voyez rarement au buffet de la gare. — 11. Vous les verrez demain à la poste ou à la banque. — 12. Il refusa de répondre à ma lettre du 20 novembre. — 13. Je serai dans mon magasin à partir d'aujourd'hui. — 14. Elle ne refusa pas d'envoyer votre linge chez vous (31). — 15. Apportez-moi un indicateur du chemin de fer (8). — 16. A partir d'aujourd'hui je refuserai les lettres du commissionnaire-expéditeur.

Give proper answers to the following questions:

1. You are not often in your office, are you?
2. You come to help me unpacking the goods, don't you?
3. You don't often see them in the refreshment-room, do you?

4. Everything is in your shop, isn't it?
5. You cannot refuse to pay what you owe him, can you?
6. Will your partner be here to-morrow?
7. Will these goods be packed up to-day?
8. Do you come here to pack up the shirts?
9. Will everything soon be mended?
10. You're often in the manager's office, aren't you?
11. Do you not sometimes deal with him?
12. Don't you often see him at the hair-dresser's?

Useful expressions:

certainly, *certainement.*
indeed, *vraiment, en effet.*
thanks to, *grâce à.*
on the contrary, *au contraire.*
he is a man of business, *il s'entend bien aux affaires.*
that is no business of yours, *cela ne nous regarde pas.*
business is business, *les affaires sont les affaires.*

34th LESSON

I. — *General and commercial vocabulary*

failure (fèlieur),	faillite.
bankruptcy,	banqueroute.
ex**pen**se (sing.),	frais (plur.).
discount (ou=aou),	escompte.
to **cred**it with,	créditer de.
to **deb**it with,	débiter de.
two French gentlemen,	deux messieurs français.
everybody,	tout le monde, chacun.
everywhere,	partout.
three months ago,	il y a trois mois.
on the 3rd inst. (instant),	le 3 courant.
a three **shill**ing book,	un livre de trois schellings.

II. — *Classified usual words*

A. **SUN**DRY DRESS-ARTICLES	DIFFÉRENTS OBJETS DE TOILETTE
collar and cuffs (D),	col et manchettes.
fur (D) collar,	col de fourrure.
pocket-**hand**kerchief (hannkeurtchif)	mouchoir de poche.

tie (taille),	cravate.
neckerchief,	foulard.
comforter (keum'feurteur),	cache-nez.
kid-gloves (gleuvz),	des gants de chevreau.
braces (A T),	bretelles.
stud (D),	bouton de manchette.
to starch (ch=tch),	empeser, amidonner.
to **i**ron (aïeurn),	repasser (du linge).
to put* on (u=ou),	mettre (des vêtements).
to take* off,	ôter (des vêtements).

B. — Vices (A)	Les vices
wickedness,	la méchanceté.
harshness,	la dureté.
pride (A),	l'orgueil.
falsehood (forlshoud),	le mensonge.
slander (sla'nndeur),	la calomnie.
laziness (a=ai),	la fainéantise.
vanity,	la vanité.
greediness (E),	la gourmandise.

---

88 L'imparfait de simultanéité

(Action du verbe unique et simultanée)

Ex.: Quand il entra, *j'écrivais* une lettre.
When he came in, I **was writing** a letter.

N. B. — Cet imparfait doit pouvoir se tourner par ***être en train de.***

34. — WHAT BECOMES OF A LETTER WHEN ONCE WRITTEN

When you have written a letter, if you leave it on your desk, it will of course never reach its destination.

You must take the trouble to drop it into a letter-box or to take it to the post-office. When once in the hands of the post-office people, you may almost be sure that the intended receiver will get it. This will take place without any more interference on your part. But the post-clerks and many others will have to do the work in your stead. To say the truth, you have paid for the work to be done, as you stuck a stamp on your envelope.

The letters pass through six or seven hands before they are delivered. They are stamped with the postmarks of the starting and receiving post-offices, so that you may see whether the letters you receive are behind their time or not.

Rowland-Hill was the promoter of the postal service in England where it was established in a practical way in 1849 (eighteen forty-nine). Since that time the English have paid only one penny the postage of their letters, and a post-card costs one halfpenny. And on that post-card you may write any number of words.

Notes. — to leave, *laisser*. — desk, *bureau*. — to reach, *atteindre*. — trouble, *peine*. — to drop, *laisser tomber*. — to take, *porter*. — almost, *presque*. — intended, *qu'on a en vue, futur*. — to get, *avoir, recevoir*. — interference, *intervention*. — stead, *place*. — truth, *vérité*. — stuck, participe passé de to stick. — through, *par*. — to deliver, *distribuer*. — mark, *cachet*. — so that, *de sorte que*. — behind, *derrière, en arrière de*. — way, *manière*. — since, *depuis*. — to become, *devenir*.

EXERCISE 34

To be translated into English:

1 Je vous créditerai du montant. — 2. Les deux messieurs seront ici le 23 courant. — 3. J'ai répondu à votre lettre du 2 courant. — 4. Je vous envoie un livre de deux schellings que vous recevrez demain. — 5. Il y a trop de frais pour les créanciers. — 6. Il y aura 3 0/0 d'escompte que vous aurez à payer. — 7. J'ai envoyé les cols de fourrure il y a trois jours. — 8. Le monsieur qui est dans la salle d'attente est notre directeur. — 9. Mon associé que vous avez vu hier chez moi est chez M. Martin. — 10. Les gants que j'ai refusé d'emballer sont sur la table. — 11. Le commerçant qui achète et vend la marchandise donne et reçoit de l'argent. — 12. Le télégramme que j'ai reçu ce matin venait de Dublin. — 13. Je les ai envoyés (16) partout pour vendre nos outils. — 14. J'ai beaucoup de correspondants à Leeds. — 15. Tout le monde vous en remerciera. — 16. Il a reçu (17) les cols il y a trois jours et il les a payés.

Give proper answers to the following questions:

1. I sent you the linen a week ago, did I not?
2. You credited me with the amount, did you not?
3. When did you send me that four shilling book?
4. Your partner will hand it to us, will he not?

5. Who is the gentleman who is in the waiting-room?
6. You have many agents in Paris, haven't you?
7. Did you receive the collar and cuffs which I sent?
8. Where are the comforters you refused to pack up?
9. Have you any agents in this place?
10. Who are the gentlemen in fur-collars?
11. Is Mr. Day's partner a friend of yours?
12. Do you buy the braces or the kid-gloves?

Useful expressions:

just so, *précisément.*
of course, *bien entendu, sans doute.*
into the bargain, *par-dessus le marché.*
nobody ou not anybody, *ne...personne, personne...ne.*
anybody, *n'importe qui.*
what is the **dis**count? *quel est le taux de l'escompte?*
with a **dis**count of, *sous escompte de.*

35th LESSON

I. — *General and commercial vocabulary*

custom (keust'm),	clientèle.
custom-house,	douane.
custom-house **offi**cer,	douanier.
broker.	courtier.
to speak* (ea=î),	parler.
to ar**ri**ve (euraïve),	arriver.
half (haf),	la moitié de.
round (ou=aou),	rond.
square (skouère),	carré.
a five pound note,	un billet de banque de 5 liv.
on **cred**it,	à crédit.

II. — *Classified usual words*

A. — Boots	La chaussure
boot,	bottine.
shoe (chou),	soulier.
low shoes,	soulier Molière.
dancing shoes (chouz),	souliers de bal.
slipper,	pantoufle.
snowboots (w nul),	caoutchoucs.
topboot,	botte à revers.

Wellington boot,	botte à l'écuyère.
to clean (ea=î),	nettoyer.
to **pol**ish,	cirer (faire luire).
to **brush** (D),	brosser, décrotter.

B. — THE SEA (sî)	LA MER
the **o**cean (och'unn),	l'océan.
the **wa**ve (ouève),	la vague.
the **sur**ge (seurdj),	la houle.
at flood-tide (flood=fleud),	à la marée montante.
at ebb-tide (taïde),	à la marée descendante.
the downs (daounz),	les dunes.
the cliff,	la falaise.
the **sea**shore (sea=sî),	la plage.

---

89 LA CONSTRUCTION PÉRIPHRASTIQUE

Elle s'emploie quand l'action du verbe a lieu au moment *où l'on parle*. (V. aussi le n° 88).

Ex.: the man **is speaking.** l'homme parle (en ce moment).

N. B. — Font exception à cette règle les verbes indiquant une opération des facultés, tels que **to hear, to see, to know, to prefer,** etc.

35. — A BUSINESS-LETTER. — THANKING FOR A PRICE-LIST

10, Glocester Street, Banbury, 10/5/16

To Mr. Robert Broker, London.

Dear Sir,

Replying to your favor of the 6th inst. containing your price-current, I beg to thank you for same.

The terms proposed by you will suit me perfectly well. I therefore request you to be so kind as to forward me the articles mentioned in the enclosed list, and if, as I doubt not, these goods are satisfactory to my customers, I shall soon have the pleasure of doing important business with you.

Please pay special attention to the choice of combs and brushes, as I want them to be of the very best quality. I must remind you that inferior goods will not do at all, as I have to deal only with well-to do people. That is the reason of my insisting on this particular point. I shall duly notify to you the receipt and acceptance of the goods, and then you may draw upon me for the amount at three months, agreeably to your terms.

Yours very truly,

Jas. Goodhouse.

Notes. — to reply, *répondre*. — to beg, *avoir l'honneur*. — same, *susdit*. — therefore, *en conséquence*. — to request, *demander*. — comb, *peigne*. — to remind, *rappeler*. — to do, *faire l'affaire*. — duly, *dûment*. — agreeably, *conformément*. — Jas, *abrégé de James, Jacques*.

EXERCISE 35.

To be translated into English:

1. Donnez-moi un billet de banque de cinq livres. — 2. Il achète la marchandise à crédit et la vend au comptant. — 3. Il était en train d'écrire une lettre dans mon bureau. — 4. Je vais à (28) Paris pour voir ces deux messieurs. — 5. J'irai à Londres le 3 courant pour essayer de me procurer de l'argent. — 6. Il déballe la chaussure (en ce moment) dans le magasin. — 7. J'écris une lettre à mon banquier pour le remercier de la sienne. — 8. J'enverrai demain la moitié de l'argent que je lui dois. — 9. Je vendrai la moitié des marchandises qui sont à la douane. — 10. Le courtier est souvent à la douane avec son associé. — 11. Nous achèterons les bottines et les pantoufles à crédit. — 12. Nous avons payé votre courtier il y a trois mois. — 13. Les deux douaniers sont arrivés (17) hier et ont déballé les caisses. — 14. Le courtier qui envoie l'argent est un de mes correspondants. — 15. Cette lime est trop longue pour vous; prenez-en une plus courte. — 16. Je vous débiterai de la somme de cinq livres.

Give proper answers to the following questions:

1. You can give me a £ 5 note, can't you?
2. He sold half his goods, did he not?
3. They bought the files on credit, did they not?
4. Your broker did not send the money, did he?
5. You were writing a letter, weren't you?

6. You will soon go to London, shan't you?
7. Can you give me any money?
8. Has the custom-house officer been here?
9. Can you clean my boots?
10. What do you call a man who sells books?
11. What are you doing just now?
12. Are you speaking of the drafts I sent to London?

Useful expressions:

to be sure (chour'), *certainement, évidemment.*
truly, *en vérité.*
exactly so, *c'est bien cela.*
let me have your custom, *donnez-moi votre pratique.*
he has little custom, il *a peu de pratiques.*
we have a great deal of custom, *nous avons beaucoup de* clients.

36th LESSON

I. — *General and commercial vocabulary*

ad**ver**tisement, annonce.
adver**ti**ser, annoncier.
adver**ti**sing office, agence de publicité.
ship-**bro**ker, courtier maritime.
to **for**ward (foroueurd), expédier.
to **like** (A), aimer (être amateur de).
somebody (59), quelqu'un.
something (59), quelque chose.
several (sévreul), plusieurs.
price-list free on application, catalogue franco sur demande.
on the 2nd ult. (ultimo), le 2 écoulé.

II. — *Classified usual words*

A. — HEAD-GEAR (ghî'r) LA COIFFURE

hat, chapeau.
felt-hat, chapeau de feutre.
straw (stror)-hat, chapeau de paille.
top-hat, chapeau haut de forme.
silk-hat, chapeau de soie.
opera (opra)-hat, chapeau à claque.
bowler (bô-leur), chapeau melon.

cap (D), casquette.
skullcap (D), calotte.
to fit, aller bien (vêtements, etc.).
to try on, essayer (un chapeau, etc.).

B. — Still waters (ouôteuz) — Eaux dormantes

lake (A), lac.
pond (ponn'd), étang.
fish-pond, vivier.
sheet of water, nappe d'eau.
moor (E), marais.
swamp (souomp), marécage.
pool (E), mare.
puddle (peud'l'), flaque d'eau.

---

90 Venir de

Cette expression se rend par le verbe **to have** au temps voulu, suivi du participe passé du verbe qui suit **de,** précédé du mot **just.**

Exemple :

Présent. — Je viens de dîner, **I have just dined.**
Passé. — Je venais de le voir, **I had just seen him.**
mais on dira : Je viens de Paris, **I come from Paris.**

36. — A BUSINESS-HOUSE

1st Part

When we enter the premises of a large and well-organized house of business, the first thing that strikes us is the calm and silence that prevail there. You do not hear any noise of any kind, except from time to time, the noise of pens running on paper. You do not see any disorder or confusion : everywhere is work and activity.

Here is the manager's private office. The manager of an important firm must be a man of great exactness and integrity; he must be very active and hard-working. He should see and know everything in the business he has to manage. Here he is, giving orders to his clerks. He is sitting before a large writing-table covered with papers of all sorts, letters, invoices, bills of exchange and so on. His secretary is writing in shorthand the letters that he dictates to him and which will be by and by reproduced by means of a machine called a typewriter, by a clerk called a typist This enables him to bring about a great deal of work in a relatively short time.

(*To be continued in the next lesson*).

NOTES. — premises, *locaux*. — to strike, *frapper*. — to prevail, *régner*. — to hear, *entendre*. — noise, *bruit*. — here is, *voici*. — sitting, *assis*. — shorthand, *sténographie*. — by and by, *tout à l'heure*. — typewriter, *machine à écrire*. — to enable, *mettre à même*. — to bring about, *exécuter*. — deal, *quantité*.

EXERCISE 36

To be translated into English:

1. Je vais (maintenant) à l'agence de publicité. — 2. Mon représentant a expédié les bêches. — 3. Vous expédierez les rabots avec les scies demain soir. — 4. Le catalogue est envoyé franco sur demande, n'est-ce pas? — 5. J'ai envoyé les catalogues le 2 du mois dernier. — 6. Qui a expédié les casquettes? Moi. — 7. Plusieurs agents de publicité ont fait faillite ce mois-ci. — 8. Quelqu'un a acheté les chapeaux de paille. — 9. Les annonciers ont expédié les affiches aux courtiers maritimes. — 10. Il y a quelque chose pour vous dans mon bureau. — 11. J'aimerais de (48) le voir tous les matins. — 12. Il aimerait d'expédier les affiches tout de suite. — 13. Avec qui avez-vous emballé les outils d'occasion? — 14. A qui avez-vous emprunté cet argent-là? A votre directeur. — 15. Qui accusera réception de votre lettre? M. Lamy. — 16. Je perdrai tous mes clients de Paris (8).

Give proper answers to the following questions:

1. Where are you going, John?
2. With whom shall you come to see me?
3. What did you receive by post this morning?
4. For whom did you buy those silver spoons?

5. To whom did he lend his carriage?
6. Whom did you see in the advertising-office?
7. Where did you buy that bowler?
8. From whom did you borrow that money?
9. Are you going to forward the boots now?
10. When did Mr. Small receive the straw-hats?
11. Do you see anybody (4) in the shipbroker's office?
12. When did you send him your illustrated boot price-hist?

Useful expressions:

by all means (mînz), *à tout prix.*
by no means, *nullement, à aucun prix.*
by that means, *par ce moyen.*
we are forwarding agents, *nous sommes commissionnaires-expéditeurs.*
I set forward on a **jour**ney, *je partis en voyage.*
not to go **for**ward is to go **back**ward, *ne pas avancer, c'est reculer.*

37th LESSON

I. — *General and commercial vocabulary*

re**ceipt**-stamp,	timbre de quittance.
in**su'**rance (ine-chou-runce) **pol**icy,	police d'assurance.
sale (A), by **auc**tion (auk-cheune),	vente aux enchères.
savings (saivignz) bank,	caisse d'épargne.
to note (A),	prendre note de.
to **of**fer,	offrir.
to be right (raïte),	avoir raison.
to be wrong (w nul),	avoir tort.
somewhere else,	autre part, ailleurs.
two and a half per cent **dis**count,	2 1/2 0/0 d'escompte.
on the 3rd prox. (proximo),	le 3 du mois prochain.

II. — *Classified usual words*

A. — SMALL **U**SEFUL (iouzfoul) ARTICLES	PETITS OBJETS UTILES
a pair of **sciss**ors (cizeuz),	une paire de ciseaux
hat-brush (6),	brosse à chapeaux.
nail (nèl)-brush,	brosse à ongles.
nail-file (A),	lime à ongles.
razor (raiz'eur),	rasoir.
razor-strop,	cuir à rasoir.
comb (b nul A),	peigne.
penknife (k nul),	canif.
button-hook (E),	crochet à boutons, tire-boutons.

to do one's hair,	se coiffer.
to comb (b nul),	peigner.
to **sharp**en (chârp'n, O),	aiguiser.
to **butt**on,	boutonner.

B. — **MET**ALS (mét'lz) — LES MÉTAUX

bronze,	bronze.
tin (D),	étain.
copper,	cuivre.
lead; **lead**en (ea=é),	plomb; de plomb.
zink (K),	zinc.
brass,	laiton.
aluminium (alu=-alou),	aluminium.
platina,	platine.
quicksilver (couic),	mercure.

---

91 EMPLOI DU PARTICIPE PRÉSENT

Quand dans une phrase française, un verbe à l'infinitif se trouve après un autre verbe indiquant :

1° une action *qui commence;*

2° une action *qui se continue;*

3° une action *qui se termine,* on traduit le second verbe à l'infinitif par le **participe présent.**

Exemples :

1° he began **laughing,** *il se mit à rire.*
2° he went on **working,** *il continua de travailler.*
3° he stopped **reading,** *il cessa de lire.*

N. B. — On trouve aussi cette tournure après les verbes **to prefer, to mind, to avoid, to purpose. to remember, to intend,** et quelques autres.

37. — BUSINESS-HOUSE

2nd Part

In a large room next to the manager's office, we see the accountant with his assistants. He keeps the books by double entry, and not by single entry, as was done formerly. There are the cashbook, the ledger, the journal or day-book and other account-books that are necessary to the work he has to accomplish.

A clerk, with invoices in his hand, enters them into the invoice-book; another, the cashier, is paying money which he takes from his safe, to some gentlemen, customers of the firm.

What is that young fellow doing in that corner of the room? Well, he is copying, by means of the copying-machine or press, the letters that will afterwards be placed in envelopes, addressed, stamped and sent to the post-office.

The rooms are well-lighted in daytime by large windows provided with blinds, and at night by means of electric lamps.

A house of business is a place where there is no time lost and where everyone works actively, as all know and remember the well-known motto of the English : « Time is money ».

NOTES. — accountant, *comptable.* — entry, *partie.* — single, *simple.* — formerly, *autrefois.* — cashbook, *livre de caisse.* — ledger, *grand livre.* — to enter, *copier.* — safe, *coffre-fort.* — corner, *coin.* — to provide, *munir.* — blind, *store.* — to remember, *se souvenir.* — motto, *devise.*

EXERCISE 37

To be translated into English:

1. Veuillez me donner un timbre de quittance. — 2. A qui devez-vous vous adresser? à M. Lenoir. — 3. Offrez-lui 2 1/2 0/0 d'escompte et il acceptera. — 4. Veuillez prendre note de la commande de M. Levert. — 5. Il y avait une vente aux enchères (8) dans la rue d'Oxford. — 6. Vous avez tort de lui offrir de l'argent. — 7. Il a raison de vous remercier de votre dépêche. — 8. Il l'enverra par la poste le 15 du mois prochain. — 9. Qu'écrivez-vous là? Une lettre à M. Leblanc. — 10. J'ai écrit plusieurs lettres à mes clients de Londres. — 11. Qui était à la vente à l'encan? M. Leblanc. — 12. Envoyez-moi la police d'assurance par retour du courrier. — 13. Qui avait tort, lui ou vous? J'avais tort. — 14. Qui était dans la salle d'attente? M. Lebon et moi. — 15. Il l'a probablement expédié autre part. — 16. Vous vous êtes mis à rire, n'est-ce pas? Oui.

Give proper answers to the following questions:

1. Did you give him a receipt stamp?
2. Is he right to offer him so much money?
3. Shall I send you the insurance-policy?
4. Where was the letter sent to?
5. Who was at the auction-sale with Mr. White?

6. What are you writing there?
7. Shall you get Mr. Green's letter before the 3rd prox?
8. Am I wrong to read the letters?
9. Was he right to send the penknives?
10. What is young master Hall doing?
11. Shall I send the nail-brushes to Mr. Day?
12. To whom are you going to send the insurance-policy?

Useful expressions:

may be, *peut-être* (employé seul).
on receipt of your letter, *au reçu de votre lettre.*
I put my receipt to his bill, *j'ai acquitté sa note.*
he offered me no **rea**son, *il ne me donna aucune raison.*
he is the right man in the right place, *il est l'homme de la situation.*
he guessed right, *il a deviné juste.*
that's right! *voilà qui est bien!*

38th LESSON

I. — *General and commercial vocabulary*

number **sev**enteen (N° 17),	numéro 17.
chapter **eigh**teen (ch = tch),	chapitre 18.
page (A) **nine**teen,	page 19.
line (A) **twen**ty,	ligne 20.
to **va**lue on (valiou),	disposer sur.
to draw up**on**,	tirer sur, faire traite sur.
to buy goods,	faire des achats.
an **E**nglishman,	un Anglais.
a **Fren**chman,	un Français.
a **Bel**gian (beldjieun),	un Belge.
duly (dioulé),	en son temps.

II. — *Classified usual words*

A. — CATTLE	LES BESTIAUX
horse,	cheval.
bull (boul),	taureau.
cow (caou),	vache.
ox (pl. oxen),	bœuf.
calf (pl. calves) (l nul),	veau.
sheep (pl. sheep) (E),	mouton.
he-goat (F),	bouc.
she-goat,	chèvre.
to milk,	traire.
to **slau**ghter (slort'eur),	abattre, tuer.
to cut* up (D),	dépecer.

B. — WILD (ouaïld) **ANI**MALS (an'im'lz)	ANIMAUX SAUVAGES
lion (laï eun),	lion.
tiger (taïgh'r),	tigre.
panther,	panthère.
leopard (lépeurd),	léopard.
bear (ea=è),	ours.
wolf (o=ou),	loup.
fox,	renard.
an ape (A), a **monk**ey (o= u bref),	un singe.

---

92 FUTUR DE **I must** ET **I can**

Ces deux verbes, n'ayant pas d'infinitif, leur futur se forme comme suit :

I must. — Infinitif : to be ***obli**ged* (oblaïdjd) (obligé).

Ex.: I shall be obliged, *je devrai.*

I can. — Infinitif : to be ***a**ble* (èb'l') (capable).

Ex.: I shall be able, *je pourrai.*

N. B. — Tous les temps des modes indicatif et conditionnel peuvent se conjuguer sous cette forme.

Ex.: I am obliged, I have been obliged, we **have** been able, are you able? etc., etc...

38. — A BUSINESS-LETTER. — APPLYING FOR A SITUATION

34. Shakespere St. Liverpool, 8th of June 1916

To Messrs. Darlington and C°, Liverpool.

Gentlemen,

I have heard from one of the partners of the firm Thornton Bros of this city, that you wish to engage a clerk well-acquainted with your line of business and able to undertake your French and English correspondence.

As I believe myself able to fulfil these conditions, I take the liberty of tendering you my services, should the situation be still vacant.

Messrs. Andrews and C° whom you know well, I daresay, with whom I have worked for several years, will give about me every information you may require; and I venture to assure you that, if you honour me with your confidence, no effort on my part shall be spared to justify your good opinion.

In the hope of a favorable and speedy answer,

I am, Gentlemen, your very devoted servant,

JOHN BULL.

NOTES. — situation, *emploi.* — to hear, *entendre dire.* — Bros, *abrégé de Brothers.* — acquainted, *au courant.* — to believe, *croire.* — to fulfil, *remplir.* — to tender, *offrir.* — I daresay, *je crois (j'ose dire).* — to require, *demander.* — to venture, *prendre la liberté.* — confidence, *confiance.* — to spare, *épargner.* — speedy, *prompt.*

EXERCISE 38

To be translated into English:

1. Envoyez-lui les canifs n° 24. — 2. Je viens à Paris pour faire des achats. — 3. Vous pouvez (50) tirer sur mois à trente jours. — 4. Un Anglais lui offrit de l'argent pour payer ses chevaux. — 5. J'ai reçu en son temps la police d'assurance. — 6. Je lui ai dit (17) de s'adresser au chef de gare. — 7. Ouvrez vos livres page vingt-et-un. 8. Je vous enverrai le catalogue franco. — 9. Dites-moi quelle heure il est? il est une heure et demie. — 10. Il a acheté vingt veaux et trente-cinq moutons au marché aux bestiaux. — 11. L'Anglais avait-il tort ou raison? Il avait tort. — 12. Le Français n'avait pas tout à fait raison, n'est-ce pas? — 13. Il aime acheter ses bestiaux en Angleterre. — 14. Il aimerait faire des achats en France, n'est-ce pas? — 15. Le catalogue a été mis à la poste hier matin. — 16. Nous avons reçu en son temps votre lettre du 13 courant.

Give proper answers to the following questions:

1. What does he come for?
2. At what page do you open the book?
3. Where do you buy your tools and machinery?
4. Tell me what time it is exactly?

5. What are you saying?
6. Who was in the waitingroom when you were there?
7. To whom did you tell him to apply?
8. Where does he buy his cattle from?
9. Whom did you see in the refreshment-room?
10. At what page did the boys open their books?
11. He bought his machine-tools in America, did he not?
12. Was not the catalogue sent post-free?

Useful expressions:

the bank is on the right, *la banque est à droite.*
turn to the left, *prenez (tournez) à gauche.*
what is the matter? *Qu'y a-t-il?*
what is that to you? *qu'est-ce que cela peut vous faire?*
what is that in English? *comment appelle-t-on cela en anglais?*

39th LESSON

I. — *General and commercial vocabulary*

sewing-machine (sew=sô),	machine à coudre.
cane (A)-**su**gar,	sucre de canne.
travelling-bag,	sac de voyage.
timber-post,	poteau en bois, madrier.
spoken* (spôk'n),	parlé.
lent* (lé-nnt),	prêté.
gone* (avec auxiliaire avoir (gorn),	allé.
come* (avec auxiliaire avoir) (keum),	venu.
English,	l'anglais; anglais (adj.).
French,	le français; français (adj.).
Italian (L),	l'italien; italien (adj.).

II. — *Classified usual words*

A. — **SMAL**LER DO**MES**TIC **AN**IMALS	PETITS ANIMAUX DOMESTIQUES
ass (6); **don**key (par dénigr.),	âne; baudet.
dog; (de chasse) hound (ou=aou),	chien.
pup (D),	petit (jeune) chien.
cat; tomcat,	chat; matou.
she-cat,	chatte.
kitten (kit'n),	chaton.
pig, swine (souaïne),	porc, cochon.
lamb (la-mm),	agneau.
kid,	chevreau,

rabbit (D),	lapin.
to bark (O),	aboyer.
to mew (miou),	miauler.
to bleat (ea=î),	bêler.

B. — SMALL BIRDS (beurdz,	PETITS OISEAUX
nightingale (naïtine-ghèl),	rossignol.
robin (D) red-breast (ea=é)	rouge-gorge.
lark (O),	alouette.
wren (rénn),	roitelet.
swallow (souollo),	hirondelle.
chaffinch (ch=tch, K),	pinson.
goldfinch,	chardonneret.
greenfinch,	verdier.
sparrow (w nul),	moineau.

---

93 QUAND — LORSQUE — AUSSITÔT QUE

Si un verbe au futur se présente après l'une de conjonctions, on traduit en anglais ce futur par le présent.

Ex.: Je fermerai la porte, *quand* vous serez dehors.
I shall shut the door, when you **are** out.

94 REMARQUE SUR LE VERBE **dire**

Il se traduit par **to tell** (avec *deux* compléments)
= dire, raconter
to say (avec *un* complément)
= dire,

39. — AN INNKEEPER AND A TRAVELLER TALK TOGETHER

Traveller. — Good evening, sir; have you any room for me here to-night?

Innkeeper. — Be welcome, sir; plenty of room for you and many more.

T. — Have you got a comfortable bedroom with a dressing-room?

I. — We have the very thing you require, sir; N° 2 is just what you want.

T. — How much is that room per day?

I. — Il you take all your meals here, it'll be 3/6.

T. — I'll take my meals here then. What shall I pay for breakfast, dinner and supper?

I. — Breakfast and supper, 1/6 each, dinner 2/6 and a nice tea, sixpence.

T. — How much will it be per day, including everything?

I. — Let's see... Well, we'll make it nine shillings, including attendance, and you may be sure you won't find it any cheaper anywhere.

T. — I quite believe you, if everything is nice and comfortable as I expect it'll be.

I. — We shall do our best to keep you here long, sir.

T. — I don't think I can stay here longer than a fortnight. I'm going to bed now. Good night, sir.

I. — Good night, sir, and sweet repose (to servant) John, show this gentleman to N° 2.

NOTES. — innkeeper, *hôtelier.* — to-night, *ce soir.* — dressing-room, *cabinet de toilette.* — very, *même.* — 's, abrégé de us. — attendance, *service.* — fortnight, *quinzaine.* — sweet, *doux.* — to show, *montrer, conduire.*

EXERCISE 39

To be translated into English:

1. Les machines à coudre sont-elles bon marché en Amérique? — 2. Ce sucre de canne n'est pas bon; renvoyez-le. — 3. Nos sacs de voyage sont à la consigne. — 4. Il a parlé des madriers à son associé. — 5. Il a prêté de l'argent au courtier de M. Lejeune. — 6. Vous avez parlé anglais et français, n'est-ce pas? — 7. Je n'ai pas parlé italien aujourd'hui. — 8. Quel chapitre lisez-vous (en ce moment)? le chapitre trente-neuf. — 9. Lequel de mes voyageurs avez-vous vu? le plus grand. — 10. Le voyageur qui a passé chez vous la semaine dernière est maintenant à Londres. — 11. Les salles d'attente sont fermées en ce moment, n'est-ce pas? — 12. Il vous a prêté un billet de banque de cinq livres, n'est-ce pas? — 13. Il alla à Londres hier matin. — 14. La caisse d'épargne postale n'est pas ouverte en ce moment. — 15. Dites-lui de venir par le train de six heures dix. — 16. J'irai en Angleterre le 20 prochain pour faire des achats.

Give proper answers to the following questions:

1. Can a dog mew?
2. Are sewing-machines cheap in England?
3. Can you speak English now?
4. Do you think the sugar is good?

5. Where are the travelling bags?
6. Did he speak of you to his partner?
7. Did you speak English with Mr. Wood to-day?
8. Which of my travellers did you see?
9. Are the waitingrooms open or shut?
10. By what train did you tell Mr. Black to come?
11. Is the post-office savings-bank open?
12. Which of these books are you going to read?

Useful expressions:

almost, *presque.*
nearly, *près de, presque.*
about, *près de, environ, à peu près.*
pray, tell me... *je vous en prie, dites-moi...*
I say, *dites donc!*
tell him so, *dites-le lui.*
I was told so by your father, *votre père me l'a dit.*
my watch says half past three, *ma montre indique trois heures et demie.*

FORTIETH LESSON

I. — *General and commercial vocabulary*

steam (stîme) -**e**ngine,	machine à vapeur.
type (A) -**wri**ter,	machine à écrire.
spinning-mill (D),	filature.
coffee-pot,	cafetière.
dye (A) -wood,	bois de teinture.
to send* back,	renvoyer.
to hope,	espérer.
to put*,	mettre.
light,	léger.
heavy (hévé),	lourd.
free on board (f.o.b.),	franco à bord.

II. — *Classified usual words*

A. — The **POUL**try (poltré) yard	La basse-cour
cock,	coq.
hen,	poule.
chick; **chick**en (ch=tch),	poussin; poulet.
drake (A),	canard (mâle).
duck; **duck**ling,	cane; caneton.
gander (gha'nndeur),	jars.
goose (pl. geese) (E),	oie.
fowl (terme générique) (ow=aou),	oiseau de basse-cour.
guinea-fowl (ghinn'i),	pintade.
turkey (teurké),	dindon.

to lay* (eggs), pondre (des œufs).
to hatch, couver.
to crow (w nul), chanter (comme le coq).
to cluck (D), glousser.

B. — BIRDS OF PREY — OISEAUX DE PROIE

eagle (ea=î), aigle.
vulture (veul'tieur). vautour.
owl (ow=aou), hibou.
kite (A), milan.
hawk (hork), épervier.
goshawk, autour.
falcon (forkeun), faucon.
buzzard (beuzeurd), buse.

95

Moi (*vous, lui*) **aussi**

On rend cette expression et les similaires en plaçant d'abord le mot **so,** ensuite l'auxiliaire de la proposition précédente, et enfin le nom ou le pronom-sujet approprié.

Ex.: You are right; **so am I.**

Moi (*vous, lui*) **non plus**

Le procédé est le même en employant le mot **nor,** au lieu de **so.**

Ex. : He is not rich; **nor am I.**

N. B. — Au lieu de **nor am I,** on peut aussi dire **nor I either.**

40. — A BUSINESS-LETTER. — ANSWERING A CIRCULAR

49, Exmouth St. London, March 3rd 1916

To Mr. Miller, 18, rue de la Chaussée, Lille.

Dear Sir,

I duly received your circular of the 25th ult. by which you inform me that you have succeeded Mr. Hunter in the manufacture of Boots and Shoes. I very much thank you for tendering me your services, and I trust that before long I shall have an opportunity of making use of them.

It pretty frequently happens that I am asked for goods of French manufacture, specially in the way of ladies' patent leather shoes which seem to be in great favor just now. Although the English prices for such articles have been greatly reduced of late years, I may be induced to give you a trial order, and I hope that our connection once formed, will bring a constant increase of business to the great advantage of both parties.

I should be very much obliged to you, if you could let me have a few samples of the afore-mentioned ladies' shoes, but I must say that only first-class articles will be likely to suit our sale here.

Yours very truly,

ROBERT HILL.

NOTES. — miller, *meunier.* — hunter, *chasseur.* — opportunity, *occasion.* — to happen, *arriver (par hasard).* — in the way of, *en ce qui concerne.* — patent leather, *cuir verni.* — to seem, *sembler.* — Although, *quoique.* — connection, *relations.* — increase, *augmentation.* — both, *tous les deux, l'un et l'autre.* — afore=before, *auparavant.*

EXERCISE 40

To be translated into English:

1. Les machines à écrire ne sont pas bon marché, n'est-ce pas? — 2. J'espère que vous irez à la filature demain matin. — 3. Les cafetières n'ont pas été expédiées; expédiez-les aujourd'hui. — 4. Renvoyez les cafetières, et les théières aussi. — 5. Elles sont trop petites et trop chères pour nos clients. — 6. J'espère (que) vous viendrez bientôt me voir. — 7. Mettez les rasoirs dans la valise avec les brosses à chapeaux. — 8. J'espérais (qu') il le renverrait hier; mais rien n'est venu. — 9. Cette machine à vapeur vient d' (29) Amérique. — 10. Les cafetières en argent sont à la gare. — 11. Les bois de teinture sont bon marché en ce moment. — 12. Il y a un timbre sur la facture — 13. Vous devriez le remercier de ce qu'il a fait pour vous. — 14. Les affiches ne seront pas carrées; elles seront rondes. — 15. Nous n'avons pas reçu le connaissement. — 16. Les bois de teinture seront expédiés franco à bord.

Give proper answers to the following questions:

1. Are typewriters cheap in America?
2. Where were the coffee-pots sent to?
3. Have you ever seen a spinning-mill?
4. Is there a stamp on the letter?
5. Are not the spades too large?
6. Is there a parcel for you at the railway-station?
7. Shall you return the travelling-bags?
8. Are dye-woods very dear just now?
9. Were the spades forwarded to-day?
10. Will the bills be square or round?
11. A typewriter isn't a cheap machine, is it?
12. This steamengine comes from England, doesn't it?

Useful expressions:

ever, *jamais dans une phrase interrogative.*
as a **ru**le, *en règle générale, généralement.*
I sent him about his business, *je l'ai envoyé se promener.*
you should send a**way** your clerk, *vous devriez renvoyer votre commis.*
he has sent back the typewriter, *il a retourné la machine à écrire.*
we sent for the head-partner, ***nous avons envoyé chercher** l'associé principal.*

INDEX DES MOTS USUELS

LEÇON 1. — Le foyer domestique. — Le jardin.
— 2. — L'habitation. — L'école.
— 3. — Les parties de la maison. — L'école (*suite*).
— 4. — Les parties de la maison. — La salle de classe.
— 5. — Les meubles. — Parties du jour.
— 6. — Parties du lit et de la table.
— 7. — Les meubles de cuisine. — Les mets.
— 8. — La batterie de cuisine. — L'argent monnayé.
— 9. — Les objets de table. — Moments de la journée.
— 10. — Les fournitures de bureau. — Librairie.
— 11. — Le papier. — Un livre.
— 12. — La famille. — Les fêtes.
— 13. — Les parents. — Le temps qu'il fait
— 14. — Le corps humain et ses parties.
— 15. — Le corps humain et ses parties. — Les maladies.
— 16. — Parties de la tête. — Indispositions légères.
— 17. — La ville. — La gare.

LEÇON 18. — Les édifices publics. — La maison de commerce.
— 19. — La ville (*suite*). — La fabrique.
— 20. — Le pain. — L'épicerie.
— 21. — La viande. — Les aliments liquides.
— 22. — Les légumes.
— 23. — Le gibier. — La campagne.
— 24. — Les poissons. — La rivière.
— 25. — Les fruits. — Les fleurs.
— 26. — Quelques boissons. — Les friandises.
— 27. — La lumière. — L'éclairage.
— 28. — Le combustible. — La terre.
— 29. — Le bois. — Les armes.
— 30. — Quelques métiers. — Les outils.
— 31. — Autres métiers. — Les machines-outils.
— 32. — Le vêtement. — La couture.
— 33. — Les vêtements de dessous. — Les vertus.
— 34. — Objets de toilette. — Les vices.
— 35. — La chaussure. — La mer.
— 36. — La coiffure. — Les eaux dormantes.
— 37. — Petits objets utiles. — Les métaux.
— 38. — Les bestiaux. — Les animaux sauvages.
— 39. — Petits animaux domestiques. — Petits oiseaux.
— 40. — La basse-cour. — Les oiseaux de proie.

LEXIQUE

(Il ne contient pas les noms du Vocabulaire II qui sont classés à part. — Les numéros renvoient aux leçons.)

A

abattre, 38.
aboyer, 39.
accepter, 1.
accueil (faire bon), 28.
accuser (réception), 22.
achats (faire des), 38.
acheté, achetai, 4.
acheter, 7, 16.
acheteur, 21.
acier, 4.
adresser (s'), 30.
administrateur, 33.
affaires (faire des), 14.
affiche, 31.
afficher, 31.
affranchir, 22.
âgé, 21.
agence, 36.
agir, 14.
aiguiser, 37.
ailleurs, 37.
aimer, 12, 36.
Allemagne, 23.
Allemand, allemand, 38, 39.
aller, 13, 18, 36, 39.
aller (à pied), 15.
allumer, 27.
Amérique, 22.
amidonner, 34.
Anglais, anglais, 32, 39.
Angleterre, 21.
an, année, 3.
annonce (mettre une), 32, 36.
annoncier, 36.
août, 13.
appartement, 28.
apporter, 17.
apprendre, 18.
après, 7.
argent (métal), 4.
argent (monnayé), 5.
arrêter, 19.
arriver, 35.
assez, 31.
asseoir (s'), 5, 24.
associé, 28.
assurance, 37.
attendre, 3.

attendre (compter sur), 5.
attente (salle d'), 30.
aujourd'hui, 1, 33.
autant, 26.
autour de, 29.
autre part, 37.
avaler, 16.
avant, 4, 6.
avec, 4.
avril, 12.
avoir, 2, 4.
avoir raison, tort, 37.
avoir (y), 15, 16, 34.

B

bagage, 30.
bague, 5.
bande (sous), 27.
banque, 20.
banqueroute, 34.
banquier, 20.
bas, 12.
beaucoup, 19.
bêche, 19.
bêler, 39.
Belge, 38.
besoin (avoir), 31.
bien, 31.
bientôt, 12.
biffer, 10.
bijoutier, 8.
billet, 29.
billet à ordre, 20.
billet de banque, 20, 35.
blanc, 1.
blanchir, 33.
bleu, 3.
bœuf, 17.
boire, 26.
bois, 40.
boîte, 17, 31.
bon, 2, 5.
bon accueil (faire), 28.
bon marché, 2.
bonne heure (de), 9.
bord (franco à), 40.
bouillir, 8.
boulanger, 3.
boutonner, 37.
boutique, 6.
boutiquier, 6.
brosse, 16.
brosser, 35.
brûler, 28.
brun, 20.
buffet, 30.
bureau, 29, 30, 31, 32.
buvette, 30.

C

café, 9.
cafetière, 40.
caisse, 37.
caissier, 27.
canne (sucre de), 39.
carnet, 27.
carré, 35.
carte, 31.
casser, 25.

cassonnade, 13.
catalogue, 36.
cela va sans dire, 26.
cent (pour), 32.
centime, 15.
chacun, 34.
chaîne, 4.
changeur, 28.
chanter, 40.
chapitre, 38.
chaque, 33.
charpentier, 8.
charretier, 17.
chauffer, 28.
chef de gare, 30.
chemin de fer, 29.
chèque, 27.
cher, 2.
chose, 33.
ci-inclus, 8.
cinq, 17.
cinq pour cent, 32.
cirer, 35.
client, 7.
clientèle, 35.
coiffer (se), 37.
colis, 15.
colleur, 31.
combien, 22.
commande, 1.
commander, 1.
comme papiers d'affaires, 31.
commerçant, 33.
commis, 18.
commissionnaire, 33.
comptant (au), 16.
compte, 15.
compter sur, 5, 20.
condition, 26.
connaissement, 23.
consigne, 29.
convenir à, 25.
correspondant, 33.
coton, 14.
coudre, 33, 39.
couper, 5.
courant (le 3), 34.
courant (compte), 15.
courir, 15.
courrier (par retour du), 8.
court, 9.
courtier, 35, 36.
couteau, 5.
couvert, 40.
créancier, 28.
crédit, 31, 35.
créditer, 34.
cueillir, 25.
cuiller, 4.
cuire, 7, 20.

D

dans, 2.
déballer, 31.
débiter, 34.
débiteur, 28.
décembre, 14.
déchirer, 11.
découper, 21.

décrotter, 35.
défense, 31, 32.
déjà, 3.
demain, 6, 7.
demande (sur), 36,
demander, 29.
déménager, 5.
demeurer, 17.
demi, 18.
dernier, 5, 8.
déshabiller, 32.
dépecer, 38.
dépôt, 2.
des, 19.
détail (en), 15.
deux, 16.
devant, 6.
devoir, 11, 24.
dévoué (votre tout), 28.
directeur, 33.
disposer, 38.
dix, 18.
donner, 3, 10.
dormir, 6.
douane, 35.
douanier, 35.
douze, 18.
drap, 2.
du, 9. 19.

E

échantillon, 2.
éclairer, 27.
école, 18.
écorcher, 23.
écoulé, 36.
écrire, 8, 30.
écumer, 8.
écurer, 7.
effacer, 10.
église, 18.
emballer, 31.
emménager, 5.
empeser, 34.
employé, 18.
emprunter, 25.
en, 2.
enchères (vente aux), 37.
encore. 22, 28.
enseigner, 18.
entreprendre, 19.
enveloppe, 12, 31.
environ, 16.
envoyer, 12, 21.
envoyeur, 21.
épais, 10.
épargne (caisse d'), 37.
épicier, 3.
éplucher, 22.
épouser, 13.
escompte, 34, 37.
Espagne, 24.
espérer, 40.
essayer, 23, 36.
estimer, 12.
établissement, 26.
été, 11.

éteindre, 27.
étoffe, 1.
étroit, 7.
eu, 11.
exempt, 27.
exercer (un métier) 30.
expédier, 36.
expéditeur, 21, 33.
express (train), 10.

F

fabricant, 7.
fabriquer, 6, 12.
facteur, 24.
facture, 2.
faillite, 14, 34.
faire, 6, 10. 12, 14, 28. 38.
farcir, 24.
faute (sans), 8.
fer, 4.
fermer, 2, 27, 28.
février, 11.
fil, 32.
filature, 40.
flanelle, 11.
fois, 13, 14.
foncé, 14.
fort, 14.
fourchette, 5.
fournir, 28.
frais, 27, 34.
français, 34, 39.
Français, 38.
franco, 11, 36, 40.
frapper, 2.
frire, 8.
frotter, 10.
fumer, 32.

G

garder, 6.
gare, 29.
garni, 28.
glousser, 40.
grand, 15, 17.
gratter, 10.
griller, 20, 24.
gris, 20.
gros, 13, 15, 17.

H

habiller, 32.
habiter, 17.
haut, 12.
heure, 9, 16, 17.
hier, 3.
hier (avant-), 4.
hocher, 14.
homme d'équipe, 30.
honorée (votre), 27.
horloger, 6.
huile, 10, 13.
huit, 17.

I

ici, 33.
il y a, 15, 16, 34.
immédiatement, 22.
inclus (ci-), 8, 24.
indicateur, 30.

interdit (passage), 28.
Italie, 24.
italien, 39.

J

jamais, 24.
janvier, 11.
je, 1.
jeudi, 9.
jeune, 21.
joli, 4.
jour, 3.
journal, 30.
juillet, 13.
juin, 12.
jusqu'à ce que, 19, 20.

L

là, 15, 33.
laid, 4.
laine, 14.
large, 7.
laver, 33.
le, la, les, 1.
léger, 40.
lettre, 12.
lettre de change, 20.
lettre de voiture, 23.
lettre recommandée, 25.
lever, 14.
libraire. 4.
ligne, 38.
ligner, 11.
lire, 8.
livraison, 26.
livre (un), 6, 34.
livre (une), 35.
livrer, 28.
loger, 17.
Londres, 21.
long, 9.
louer, 4, 28.
lourd, 40.
lundi, 8.

M

machine à coudre, 39.
machine à écrire, 40.
machine à vapeur, 40.
madame, 16.
mademoiselle, 17.
madrier, 39.
magasin, 2, 6.
mai, 12.
maintenant, 1.
maison, 1, 2.
mandat, 25.
manger, 20.
manquer, 14, 30.
manquer (sans), 8.
marchand, 6.
marchand de nouveautés, 7.
marchander, 31.
marchandise, 1.
marché (bon), 2.
marcher, 15.
mardi, 8.
marier (se), 13.
maritime (courtier), 36.
mars, 11.
marteau, 19.

matin, 3.
mauvais, 5.
meilleur, 2.
merci, 21.
mercredi, 8.
messieurs, 34.
mettre, 5, 26, 32, 34, 40.
mettre (en pièces), 11.
miauler, 39.
midi, 22.
mince, 10, 18.
mois, 3.
moitié, 35.
moment (en ce), 10.
monde (tout le), 34.
monsieur, 11, 21, 32, 34.
montant, 27.
montre, 6, 16.
mot, 32.
mousseline, 10.
mouton, 16.

N

ne... jamais, 24.
ne... pas, 6
ne... pas de, 19.
négociant, 7.
nettoyer, 7, 35.
neuf, 18.
neuf, 32.
nickel, 5.
noir, 1.
nombre, 32.
non, 1.
note, 20.
note (prendre), 37.
nouveau, 28, 32.
novembre, 14.
numéro, 38.

O

obtenir, 9.
occasion (d'), 32.
octobre, 14.
offrir, 37.
olive, 13.
omnibus (train), 12.
onze, 18.
or, 5.
ordre (jusqu'à nouvel), 20.
ôter, 34.
où, 29.
oui, 1.
outil, 18.
ouvert, 27.
ouvrir, 2, 5.

P

page, 38.
paiement, 24.
papier à lettres, 12.
papier d'affaires(comme),31
paquet, 15.
par, 8, 10.
parler, 35, 39.
partir, 2.
partir de (à), 33.
partout, 34.
passage interdit, 28.
passer chez, 19.

payer, 20, 24.
pêcher, 24.
peigner, 37.
peindre, 29.
peler, 22, 25.
perdre, 30.
perte, 22.
petit, 15, 17.
peu, 30.
peu près (à), 16.
peut-être, 25.
placer, 5.
plaît (s'il vous), 19
plat, 18.
pli (sous ce), 24.
plier, 11.
plumer, 23.
plus, 18.
plusieurs, 36.
police, 37.
pomme de terre, 17.
pondre, 40.
port, 11, 22, 25.
porter, 17, 32.
porteur, 24.
posséder, 4.
poste, 11, 24, 31.
postal, 31.
poteau, 39.
pour, 10.
prendre, 10, 37.
près de, 17.
présente (avec la), 9.
prêter, 27, 39.
prix, 24.
prix-courant, 2.
probablement, 26.
prochain, 8, 37.
prochainement, 3.
procurer (se), 9.
profit, 22.
promener (se), 19.
propre, 26.
Prusse, 25.
publicité, 36.

Q

quantième, 11.
quart, 17.
quatorze, 19.
quatre, 16.
quelque (s), 30.
quelque chose, 36.
quelquefois, 27.
quelque part, 29.
quelqu'un, 36.
quelques-uns, 30.
quinze, 19.
quittance, 37.

R

rabot, 19.
raboter, 29.
raccommoder, 33.
raison, 23, 37.
rapide (train), 10.
rarement, 33.
rasoir, 18.
ratisser, 22.
réception, 22.

recevoir, 2.
recommandé, 25.
refuser, 33.
regarder, 16.
régler, 11.
relier, 6.
relieur, 6.
remercier, 33.
remettre, 21.
remise (d'argent), 23.
renseignement, 26, 30.
renvoyer, 1, 40.
réparer, 33.
repasser, 34.
répondre, 23.
réponse, 18.
reposer (se), 1.
représentant, 21.
rester, 3.
retard (en), 13.
retour, 8.
retourner, 1.
rond, 35.
rôtir, 21.
rouge, 3.
Russie, 25.

S

sac, 39.
sale, 26.
saler, 9.
salle, 30.
samedi, 9.
sans, 16.
sans dire (cela va), 26.
savon, 10.
scie, 18.
scier, 29.
secouer, 14.
seize, 19.
sellier, 4.
semaine, 3.
sentir, 16.
sept, 17.
septembre, 13.
serrer la main, 14.
servir (se), 29.
siroter, 26.
six, 17.
sociale (raison), 23.
soie, 14.
soir, 6.
sombre, 14.
somme, 27.
sous bande, 27.
sous ce pli, 24.
souvent, 24.
spacieux, 15.
station, 29.
sucre, 9, 39.
sucrer, 26.
Suède, 27.
sur, 16.

T

tâcher, 23.
tailleur, 7.
tard, 13.
teinture, 40.
télégraphe, 32.
télégraphier, 32.

télégraphique, 32.
télégramme, 32.
téléphone, 32.
temps (à), 11.
temps (en son), 38.
teneur de livres, 8.
tenir, 6.
thé, 9.
timbre, 15, 25, 37.
timbrer, 31.
tirer sur, 38.
tisonner, 28.
toile, 11.
tort (avoir), 37.
tôt, 9.
toujours, 25.
tournez, s. v. p., 23.
tout, 33.
tout à fait, 31.
tout de suite, 2.
tout dévoué (votre), 28.
tout le monde, 34.
train, 10, 11, 12, 29.
traire, 38.
traite, 20.
travailler, 1.
traverser, 19.
treize, 19.
trois, 16.
trop, 15, 23.
trouver, 27.
tuer, 23.

U

un, une, 1, 16.
une fois, 13.
un peu de, 30.
user, 33.

V

vache, 17.
vapeur (machine à), 40.
veiller, 6.
velours, 10.
vendeur, 21.
vendre, vendis, 4, 7, 16, 30.
vendredi, 9.
venir, 13, 39.
vente, 37.
vernir, 29.
verre, 16.
verser, 9.
vert, 6.
veuillez, 5.
vieux, 21.
vilain, 4.
vingt, 25.
vis, 18.
vitesse (train de petite), 11.
vivre, 17.
voir, vu, 3, 9.
voiture, 22.
volumineux, 15.
voyage (sac de), 39.
voyager, 26.
voyageur, 7.
vue (à), 25.

Y

y, 33.
y avoir, 15, 16.

TABLE DES MATIÈRES

PRÉFACE 1

CONSEILS AUX ELÈVES 7

PRONONCIATION.

Règles sur les voyelles 9

Règles sur les consonnes 10

L'accent tonique 11

AVIS TRÈS IMPORTANT, concernant l'emploi des signes conventionnels indiquant dans les vocabulaires la prononciation des mots anglais 12

Liste alphabétique des verbes français irréguliers en anglais 15

Règles essentielles de la grammaire anglaise

L'Article (1, 2, 3)................................ 19
Le Partitif restreint (4, 5).......................... 19
Le Nom (6, 7, 8)................................ 21
L'Adjectif qualificatif (9).......................... 21
Le Pronom (10, 11)............................. 22
Le Verbe (12 à 25)............................. 22
L'Adverbe (26, 27)............................. 26
La Préposition (28 à 30)......................... 26
Manière de traduire **chez** (31).................... 27

Première Leçon......................... 29

Indicatif présent du verbe régulier **to order** (32).... 30

Deuxième Leçon......................... 32

Indicatif présent du verbe **to have,** *avoir* (33)...... 33
Comparatif et superlatif (35)...................... 34

Troisième Leçon......................... 37

Passé d'un verbe régulier (37)...................... 38

QUATRIÈME LEÇON 41

Passé du verbe auxiliaire **to have.** *avoir* (38) 42
Troisième personne du pronom personnel complément (39) 42

CINQUIÈME LEÇON 45

Futur d'un verbe anglais (40) 46

SIXIÈME LEÇON 50

Indicatif présent du verbe auxiliaire **to be,** *être* (41). 51
Place de la négation 52
Professions 52

SEPTIÈME LEÇON 55

Passé du verbe auxiliaire **to be,** *être* (43) 56
Manière de traduire **n'est-ce pas?** 56

HUITIÈME LEÇON 60

Conditionnel présent d'un verbe anglais, **to go,** *aller* (44) 61

NEUVIÈME LEÇON 65

Impératif d'un verbe anglais, **to go,** *aller* (45) 66

DIXIÈME LEÇON 70

Indicatif présent du verbe auxiliaire **I can,** *je peux, je suis capable de, je suis à même de* (46) 71

ONZIÈME LEÇON........................ 75

Indicatif présent du verbe auxiliaire **I must,** *je dois (dans le sens de il faut que je, je suis obligé)* (47)... 76

DOUZIÈME LEÇON........................ 80

Indicatif présent du verbe auxiliaire **I may,** *je peux (dans le sens de j'ai la permission, il se peut que je...)* (50)........................ 81

TREIZIÈME LEÇON........................ 85

Indicatif présent du verbe auxiliaire **I shall :** *je dois, il faut que je* (51)........................ 86

Indicatif présent du verbe auxiliaire **I will :** *je veux, je tiens à, c'est mon intention de* (52)............ 87

QUATORZIÈME LEÇON........................ 90

Le possessif saxon (53)........................ 91

QUINZIÈME LEÇON........................ 95

Passé et conditionnel présent du verbe auxiliaire **I can :** *je pouvais, je pourrais* (54)............ 96

SEIZIÈME LEÇON........................ 100

Passé et conditionnel présent du verbe auxiliaire **I may :** *je pouvais, je pourrais, il se pourrait que je* (55)........................ 101

DIX-SEPTIÈME LEÇON........................ 105

Le passé du verbe auxiliaire **I shall** *est employé comme conditionnel : je devrais, vous devriez, etc.* (56).... 106
I should like to, *je voudrais bien, j'aimerais de* (57) 107

DIX-HUITIÈME LEÇON........................ 110

Passé du verbe auxiliaire **I will,** *je voulais* (58)...... 111

DIX-NEUVIÈME LEÇON........................ 115

Les Partitifs restreints (59, 60, 61)................ 117

VINGTIÈME LEÇON........................ 120

Remarques sur quelques prépositions (62, 63)........ 121

VINGT-ET-UNIÈME LEÇON........................ 125

Du, de l', de la, des (64)........................ 126

VINGT-DEUXIÈME LEÇON........................ 130

Déterminatifs possessifs. — *Première personne* (65).. 131
Indicatif présent. — *1re pers. singul. et plur., 2e et 3e pers. pluriel* (66)........................ 131

VINGT-TROISIÈME LEÇON........................ 135

Déterminatifs possessifs. — *Deuxième personne* (67).. 136
Indicatif présent. — *3e personne du singulier* (68).... 136

VINGT-QUATRIÈME LEÇON 140

Déterminatifs possessifs. — *Troisième personne* (69) 141
Ordre des mots. — *Indicatif présent avec un nom-sujet et un pronom-sujet* (70) 141

VINGT-CINQUIÈME LEÇON 145

Pronoms possessifs. — *Première personne* (71) 146

VINGT-SIXIÈME LEÇON 150

Pronoms possessifs. — *Deuxième personne* (73) 151
Le comparatif d'égalité avec *négation* (74) 151

VINGT-SEPTIÈME LEÇON 155

Pronoms possessifs. — *Troisième personne* (75) 156
Verbes réguliers monosyllabes (76) 156

VINGT-HUITIÈME LEÇON 160

Pronoms possessifs. — *Troisième personne (suite)* (77). 161
Verbes formés de **to get** (got, got) et d'un **adverbe** (78) 161

VINGT-NEUVIÈME LEÇON 165

Démonstratifs (79) 166
Ce qui, ce que (80) 166

TRENTIÈME LEÇON........................ 171

Pronoms démonstratifs suivis de **De** (81)........... 172
Autres verbes formés de **to get** (82)............... 172

TRENTE-ET-UNIÈME LEÇON.................. 176

Modèle d'un verbe réfléchi **to wash** (ouôche) **one's self,** *se laver* (83)............................. 177
Ordre des compléments (84)........................ 177

TRENTE-DEUXIÈME LEÇON.................. 181

Modèle d'un verbe réciproque **to help each other** (itcheuzeur, S), *s'aider* (*l'un, l'autre*) (85).......... 182
Verbes composés. — **To pick up,** *ramasser* (86).... 182
Autres verbes composés........................... 183

TRENTE-TROISIÈME LEÇON.................. 186

L'imparfait d'habitude (*Action du verbe répétée, habituelle*) (87)................................ 187

TRENTE-QUATRIÈME LEÇON.................. 191

L'imparfait de simultanéité (*Action du verbe unique et simultanée*) (88)................................ 192

TRENTE-CINQUIÈME LEÇON.................. 196

La construction périphrastique (89)................ 197

TRENTE-SIXIÈME LEÇON........................ 201
Venir de (90).. 202

TRENTE-SEPTIÈME LEÇON........................ 206
Emploi du participe présent (91).................. 207

TRENTE-HUITIÈME LEÇON........................ 211
Futur de **I must** et **I can** (92)..................... 212

TRENTE-NEUVIÈME LEÇON........................ 216
Quand — Lorsque — Aussitôt que (93)............. 217
Remarque sur le verbe **dire** (94).................. 217

QUARANTIÈME LEÇON........................ 221
Moi (*vous, lui*) **aussi** (95)........................ 222
Moi (*vous, lui*) **non plus**........................ 222
INDEX DES MOTS USUELS........................ 227
LEXIQUE.. 229

IMPRIMERIE
ARTISTIQUE
LUX
131 Boul.d St Michel
PARIS
(5e)

LA [illegible]EME LIBRAIRIE

La Langue anglaise en 30 leçons
par Georges Guilaine
Revue et corrigée par Léon Marissiaux

[illegible]ch Grammar for English and Americans
par W. Thomson

[illegible]el de Conversation française et anglaise
par René Turpin

[illegible] American and French Conversation-Boo[illegible]
par W. Thomson
Chaque volume 1 fr. 50 net

Dictionnaires avec prononciation
1 fr. 25 net le volume

[illegible]glish, American and French Dictionary
Dictionnaire français-anglais
[illegible]eux Dictionnaires réunis sous couverture t[illegible]
3 fr. net le volume

[illegible], rue Dareau, Paris

www.ingramcontent.com/pod-product-compliance
Ingram Content Group UK Ltd.
Pitfield, Milton Keynes, MK11 3LW, UK
UKHW020546180726
13838UKWH00001B/79

9 782329 364483